カラー版 徹底図解

織田信長

新星出版社

⑤章 終末期「本能寺に死す」……113

付録資料編

◆著者◆

榎本 秋
著述業。文芸評論家。おもに歴史、文芸に関する原稿を執筆。著書に『10 大戦国大名の実力』（ソフトバンク新書）などがあり、編著書に『徹底図解』シリーズ『戦国時代』『三国志』『古事記・日本書紀』『孫子の兵法』『大奥』『飛鳥・奈良』『坂本龍馬』（すべて小社刊）などがある。

編・著　榎本 秋
編集協力　安達真名（株式会社榎本事務所）
鳥居彩音（株式会社榎本事務所）
諸星 崇（株式会社榎本事務所）
辛　宙（株式会社榎本事務所）
泉田賢吾
イラスト　諏訪原寛幸
本文図解　中尾雄吉
デザイン　野澤由香

※本文中に使用した地図は、現在の地図をもとに、加工を施したものです。海岸線、河川などは当時の位置を正確に表現しておりません。

はじめに

戦国武将の代表格といえば、だれか？　――このように問われれば、多くの人が「織田信長《おだのぶなが》」と答えるのではないだろうか。実際、彼の生きざまはあまりにも魅力的すぎるのだ。

桶狭間《おけはざま》の戦いの奇襲《きしゅう》や、長篠《ながしの》の戦いでの鉄砲三段撃ちに代表される、華やかな勝利のエピソード。楽市《らくいち》・楽座《らくざ》をはじめとする先進的な政策の数々。室町《むろまち》幕府将軍・足利義昭《あしかがよしあき》と対立したすえに追放したり、宗教的権威である比叡山《ひえいざん》を焼き討ちしたり、といった「旧時代の破壊者」というイメージ。若いころは「大うつけ」とばかにされていた男が、長じてその才覚を発揮した、というのもドラマチックでいい。彼の後に続いた豊臣秀吉《とよとみひでよし》、のちに江戸幕府を開いた徳川家康《とくがわいえやす》も、結局は信長の政策を継承したのだと考えれば、「戦国時代を終わらせたのは信長だ」ともいえる。そしてなによりも、その死にざま――天下取りを目前にして部下の裏切りを受け、炎の中に消えてその遺体は見つからなかった、というのがまたいろいろと想像をかき立てられる。

ただ、信長という男はあまりにも有名すぎ、まつわるイメージには誤解や後世の創作によるものも多い。そこで本書では、通説・定番エピソードを押さえつつ、できる限り信長の実像に迫っていく。

注意点として、年月日は旧暦に、改元の年は原則として新年号を用いた。また、人名は最も知られている名前に統一した。くわえて、人物紹介ページの人名の上にあるアイコンは、その人物の出身地を示すものである。ご了承いただきたい。

榎本秋

1章

織田信長と周囲の人々

戦国時代を終わらせた男、織田信長——この章では、信長本人および織田家臣団の重要人物、また信長とくに深い関係にある人々を、美麗なイラストとともに紹介する。また、信長の年表や彼を取り巻く人物の相関図、戦略や戦術の紹介も併せて掲載したので、信長を理解するための一助にしてほしい。

信長《のぶなが》相関図

織田《おだ》氏

丹羽長秀

「米のようにいつもなくては困る」調整役。

織田信秀

傍系出身から頭角を現し、信長躍進の地盤を築く。

羽柴秀吉

機転と愛嬌《あいきょう》が武器の出世頭は、信長の後継者に。

織田信忠

後を継ぐはずだった男。彼が生きていれば……。

柴田勝家

織田家中随一の闘将、「かかれ柴田」の勇名をもつ。

明智光秀

重要地域を任せられた才ある男の結末は、裏切り。

森蘭丸

信長の寵愛《ちょうあい》を受けたという伝説の美少年。

帰蝶

魔王に嫁いだ蝮《まむし》の娘は、なにを見たのか……。

嫡男

嫡男

謀反

謀反

打倒

夫婦

娘

信長包囲網

毛利輝元

中国地方の覇者は、羽柴《はしば》秀吉《ひでよし》の侵攻に押される。

上杉謙信

織田軍団を破った軍神は、病に倒れて無念の死。

本願寺顕如

信長を最も苦しめた、一《いっ》向《こう》宗《しゅう》の宗教指導者。

武田信玄

信長を高く評価しつつも、天下のために西上へ。

朝倉義景

優柔不断が命取りになった、越前《えちぜん》の名門。

一時同盟

一時同盟

裏切り

同盟

織田信長

優れた先見性と合理的な判断力を武器に、旧来の価値観を覆し戦国時代を終わらせる。

斎藤道三

下剋上《げこくじょう》で国を奪った「美《み》濃《の》の蝮」も信長を認める。

徳川家康

清洲《きよす》同盟に忠実であり続けた、織田氏の東の盾。

浅井長政

義兄と古い同盟者との板挟みになった、悲運の大名。

同盟者たち

信長《のぶなが》年表

年号	西暦	出来事	年齢
天文《てんぶん》三	一五三四	弾正忠《だんじょうのじょう》織田《おだ》家・信秀《のぶひで》の嫡男として誕生する。幼名は吉法師《きっぽうし》。	一歳
天文十七	一五四八	織田・斎藤同盟の成立にともない、斎藤道三《さいとうどうさん》の娘・帰蝶《きちょう》と結婚。	一五歳
天文二十	一五五一	父・信秀が病没し、弾正忠織田家を継ぐ。	一八歳
永禄《えいろく》元	一五五八	清洲《きよす》城内にて弟・信行《のぶゆき》を謀殺する。	二五歳
永禄三	一五六〇	桶狭間《おけはざま》の戦いにおいて、駿河《するが》の今川義元《いまがわよしもと》を討ち取る。	二七歳
永禄十	一五六七	斎藤龍興《さいとうたつおき》の稲葉山《いなばやま》城を攻め落とし、美濃《みの》を取る。稲葉山城を岐阜《ぎふ》城と名を改め、「天下布武《てんかふぶ》」印の使用を始める。	三四歳
永禄十一	一五六八	足利義昭《あしかがよしあき》を奉じて上洛《じょうらく》し、将軍の座につける。	三五歳
永禄十二	一五六九	北畠《きたばたけ》氏を降伏させ、伊勢《いせ》を平らげる。	三六歳
元亀《げんき》元	一五七〇	朝倉義景《あさくらよしかげ》を攻めるも、浅井長政《あざいながまさ》の裏切りで撤退する（金ケ崎《かねがさき》撤退戦） 姉川《あねがわ》の戦いで浅井・朝倉連合軍を打ち破る。 石山本願寺《いしやまほんがんじ》との対立（石山戦争）が始まる。	三七歳

※数え年

義昭が将軍に

桶狭間の戦い

父・信秀の死

元亀二	一五七一	比叡山延暦寺《ひえいざんえんりゃくじ》を焼き討ちする。	三八歳
元亀三	一五七二	三方ヶ原《みかたがはら》の戦いで、徳川家康《とくがわいえやす》が武田信玄《たけだしんげん》に敗れる。	三九歳
天正《てんしょう》元	一五七三	信玄が病死するなか、義昭を京より追い、浅井・朝倉を攻め滅ぼす。	四〇歳
天正二	一五七四	伊勢長島《ながしま》の一向一揆《いっこういっき》を殲滅《せんめつ》する。	四一歳
天正三	一五七五	長篠《ながしの》の戦いで武田勝頼《かつより》を破る。嫡男・信忠《のぶただ》に家督を譲る。	四二歳
天正四	一五七六	安土《あづち》城の築城を開始する（三年後にほぼ完成）。このころより、柴田勝家《しばたかついえ》が北陸方面への侵攻を開始。このころより、佐久間信盛《さくまのぶもり》に本願寺を包囲させる。	四三歳
天正五	一五七七	織田軍が上杉謙信《うえすぎけんしん》に敗れる（手取川《てどりがわ》の戦い）が、謙信は翌年病没。このころより、羽柴秀吉《はしばひでよし》が中国方面への侵攻を開始。	四四歳
天正六	一五七八	織田の鉄甲船《てっこうせん》が毛利《もうり》水軍を打ち破る（第二次木津川口《きづがわぐち》の戦い）。	四五歳
天正八	一五八〇	石山本願寺と和睦し、退去させる（石山合戦の終結）。	四七歳
天正九	一五八一	京にて馬揃《うまぞろ》えを行う。伊賀《いが》を平定する。	四八歳
天正十	一五八二	武田氏を攻め滅ぼし、滝川一益《たきがわかずます》の軍勢を関東へ進出させる。長宗我部《ちょうそかべ》氏との関係が悪化し、織田信孝《のぶたか》らに討伐準備を進めさせる。中国地方へ向かう途上、京《きょう》にて明智光秀《あけちみつひで》に殺される（本能寺《ほんのうじ》の変）	四九歳

比叡山焼き討ち

京での馬揃え

本能寺の変

織田信長《おだのぶなが》の戦略・戦術

奇想天外な作戦のイメージが強い信長だが、実際には勝ちやすい環境をつくって勝つことを得意とした。そのために彼は機動力に優れた軍隊を用意し、大義名分を活用して外交面で優位に立った。

◆戦略

戦略に注目して信長の行動を見ると、彼が一般的なイメージとは裏腹に意外なほど「正当性」にこだわっていることがわかる。

尾張《おわり》時代には衰退していた守護《しゅご》・斯波《しば》氏を擁し続け、明確な理由ができて初めて排除している。これは後年に足利義昭《あしかがよしあき》と対立した際も同じで、関係が険悪化していた時期は脅迫めいた書状を送りつつも将軍として遇し、義昭が挙兵したとき初めて京より追っている。

信長は革新的な政策を打ち出しながらも——いや、そうであるからこそ、裏付けとして正当な理由を掲げ続けた。彼は武士や公家《くげ》だけでなく庶民の思いまでも視野に入れたうえで（これは当時の常識から考えると非常に珍しいことであった）政治的策謀をめぐらせ、軍を進めたのである。

こう見ると、信長を「旧時代の破壊者」とするのは誤解であることがわかる。信長は中世より生まれ、近世をつくりだした男なのだ。

◆戦術

信長の戦術といえば奇策・奇襲のイメージが強い。この背景には桶狭間《おけはざま》奇襲説があるが、これは近年の研究で否定されつつある。

では、信長の戦術の特徴とはなにか。それは、「勝ちやすい状況をつくって勝つ」ことだ。すなわち、相手よりも多くの兵をそろえる、敵の内部や周辺を策略で切り崩して味方を増やす、強い相手には正面から当たらない、不利な状況に追い込まれたら和睦《わぼく》で仕切り直す、ということだ。いずれも兵糧（軍資金）の備えに心配があってはとれない戦略だ。信長には短気や性急というイメージがあるが、こと戦《いくさ》においてはじっくり機会を待つことを知っていた。もちろん、必要とあれば臨機応変に戦術を変え、たとえば敵の援軍が来る前に少数の兵で決着をつけることもできた。

信長がこのように柔軟な戦術をとれたのは、信長に楽市《らくいち》・楽《らく》座《ざ》に代表される政策によって得た莫大《ばくだい》な経済力があったからこそなのだ。

内藤昌 復元 ©

織田政権の象徴的存在・安土城《あづちじょう》の復元模型。非常にきらびやかな外観・内装であったと伝わる。軍事機能をいっさいもたない近代的城郭の嚆矢《こうし》とされるが、近年の研究では若干の軍事機能をもつ、中世と近代の中間的存在だったのでは、とも。

織田軍団の構成

織田政権の勢力が全国に広がるなか、信長は有力家臣に与力《よりき》（部下）をつけた方面軍を、各地に派遣していった。

織田信長

信忠《のぶただ》軍団
指揮官
織田信忠《のぶただ》
役目
美濃《みの》で武田氏の押さえ。

大坂方面軍
指揮官
佐久間信盛《さくまのぶもり》
役目
籠城《ろうじょう》する石山本願寺《いしやまほんがんじ》を包囲。

北陸方面軍
指揮官
柴田勝家《しばたかついえ》
役目
一向一揆《いっこういっき》、上杉《うえすぎ》氏を討伐。

中国方面軍
指揮官
羽柴秀吉《はしばひでよし》
役目
中国の毛利《もうり》氏を攻める。

近畿方面軍
指揮官
明智光秀《あけちみつひで》
役目
近畿の反抗勢力を討伐。

関東方面軍
指揮官
滝川一益《たきがわかずます》
役目
関東東北の諸勢力を懐柔。

四国討伐軍
指揮官
織田信孝《のぶたか》
役目
三好《みよし》支援・長宗我部《ちょうそかべ》氏討伐。

その他
連枝衆《れんしゅう》（織田一族）、直臣、有力武将による遊撃軍、九鬼《くき》水軍など。

尾張国

織《お》田《だ》信《のぶ》長《なが》

◉

生没年 1534（天文《てんぶん》3）〜1582（天正《てんしょう》10）

別名 吉法師《きっぽうし》、三郎《さぶろう》信長、上総介《かずさのすけ》

官職 弾正忠《だんじょうのじょう》、権大納言《ごんだいなごん》兼右近衛大将《うこのえのたいしょう》、内大臣《ないだいじん》、右大臣《うだいじん》、太政大臣《だいじょうだいじん》（死後）

天下布武《てんかふぶ》を掲げ、新時代の扉を開いた風雲児

戦国乱世を駆け抜け、だれも成しえなかった天下統一の目前までたどり着いた、日本史上で最も著名な武将のひとり。桶狭間《おけはざま》の戦いで今川義元《いまがわよしもと》、姉川《あねがわ》の戦いで朝倉義景《あさくらよしかげ》・浅井長政《あざいながまさ》、長篠《ながしの》の戦いで武田勝頼《たけだかつより》などなみ居る戦国武将を討ち倒し、さらには顕如《けんにょ》率いる本願《ほんがん》寺一向一揆《じいっこういっき》や室町《むろまち》幕府将軍の足利義昭《あしかがよしあき》、比叡山延暦寺《ひえいざんえんりゃくじ》とまでも対立しながら、そのすべてを破って天下統一へとひた走った。しかし、念願の成就まであと一歩のところで明智光秀《あけちみつひで》の謀反にあい、本能寺《ほんのうじ》にて無念のうちに倒れることとなる。

伝統や格式にとらわれず、鉄砲の活用や、楽市《らくいち》・楽座《らくざ》に代表される城下町の整備、キリスト教の宣教師たちを通しての諸外国との交流など、旧来にない柔軟な発想で時代を変えた。

のちに、自らの重臣であった豊臣秀《とよとみひで》吉《よし》や、最後まで強固な同盟関係で結ばれていた盟友・徳川家康《とくがわいえやす》へと続く天下統一の礎《いしずえ》は、間違いなく信長の手によって築かれたものである。

尾張国

羽柴秀吉《はしばひでよし》

生没年 1537（天文《てんぶん》6）～1598（慶長《けいちょう》3）

別名 猿《さる》、日吉丸《ひよしまる》、禿《は》げ鼠《ねずみ》、木下藤吉郎秀吉《きのしたとうきちろうひでよし》、筑前守《ちくぜんのかみ》、平秀吉《たいらのひでよし》、藤原秀吉《ふじわらのひでよし》、豊臣秀吉《とよとみひでよし》、豊国大明神《ほうこくだいみょうじん》

官職 左近衛権少将《さこのえごんのしょうしょう》、参議《さんぎ》、権大納言《ごんだいなごん》、内大臣《ないだいじん》、関白《かんぱく》、太政大臣《だいじょうだいじん》、太閤《たいこう》

亡き主《あるじ》の宿願を果たした、信長《のぶなが》軍団一の忠臣

名もなき農民（足軽《あしがる》）の出から織田《おだ》信長の家臣を経て、その後継者としてついには天下統一を果たした人物。信長の草履《ぞうり》取りから始まり、城の普請《ふしん》や薪奉行《たきぎぶぎょう》などの雑務をこなすうちに頭角を現し、やがて一軍を任される将となって数々の戦場に赴くこととなる。美《み》濃《の》攻めから本能寺《ほんのうじ》の変に至るまで、信長の足跡には随所に秀吉の名が残されている。

主君の死後、その遺志を継いで天下統一を目ざす。ともに信長に仕えたかつての同僚たちとの後継争いを勝ち抜き、信長の盟友・徳川家康《とくがわいえやす》も傘下に引き入れて諸大名を屈服させ、日本全国を自らの支配下においた。

国ごとに分かれていた度量衡《どりょうこう》を統一して検地《けんち》を実施したり、反乱を防ぐため刀《かたな》狩《が》りで庶民の武器を没収したりと、武力以外での支配体制も見事に固め、のちに江戸《えど》幕府もこれにならった政策をとった。

しかし、晩年は衰えをみせ、死後、豊臣氏は瞬く間に終焉《しゅうえん》を迎える。

柴田勝家《しばたかついえ》

生没年 1522(大永《たいえい》2)?～1583(天正《てんしょう》11)

別名 権六《ごんろく》、修理亮《しゅりのすけ》

官職 不明

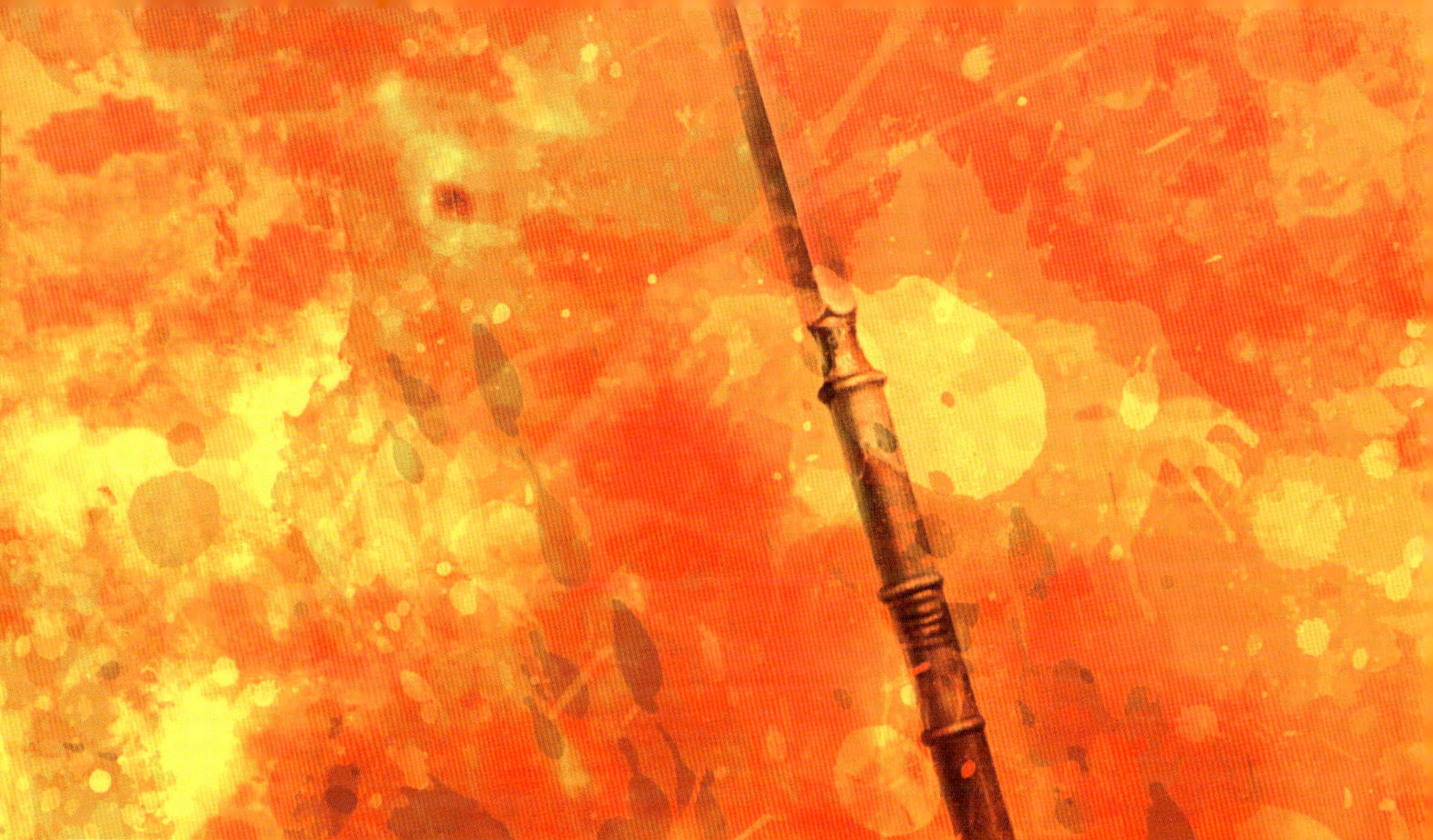

「瓶《かめ》割り柴田」の異名をもつ、織田《おだ》家中随一の猛将

織田氏の宿老として重責を担った信《のぶ》長《なが》の重臣。当初は信長の弟・織田信行《のぶゆき》を織田家の後継に擁立しようとしたが失敗に終わり、信長に許されて、家臣として仕えることとなる。

信長が足利義昭《あしかがよしあき》を奉じて上洛《じょうらく》した際には先陣を務め、その後も北陸を中心に活躍。越前一向一揆《えちぜんいっこういっき》と戦って越前国の支配を任され、加賀《かが》国を平定するなど、信長からの信頼を得ていたこともうかがえる。

しかし、本能寺《ほんのうじ》の変では羽柴秀吉《はしばひでよし》に先を越されて信長の仇《かたき》を討てず、信長の後継者争いから一歩後退。信長の三男・織田(神戸《かんべ》)信孝《のぶたか》を担ぎ上げて秀吉に対抗しようとするが、賤ヶ岳《しずがたけ》の戦いで敗退し、妻であった信長の妹・お市《いち》の方とともに北ノ庄《きたのしょう》城で自刃する。

水の供給が絶たれた城から、あえて水瓶を叩《たた》き割って覚悟の出陣をしたり、先鋒《せんぽう》での抜群の強さから「かかれ柴田」の異名をとったりと武勇を讃《たた》えられる一方、領国の民政にも力を入れて信長の北陸支配の基盤を固めた。

美濃国

明《あけ》智《ち》光《みつ》秀《ひで》

生没年 1528(享禄《きょうろく》元)?～1582(天正《てんしょう》10)
別名 十兵衛《じゅうべえ》、惟任日向守《これとうひゅうがのかみ》
官職 日向守《ひゅうがのかみ》

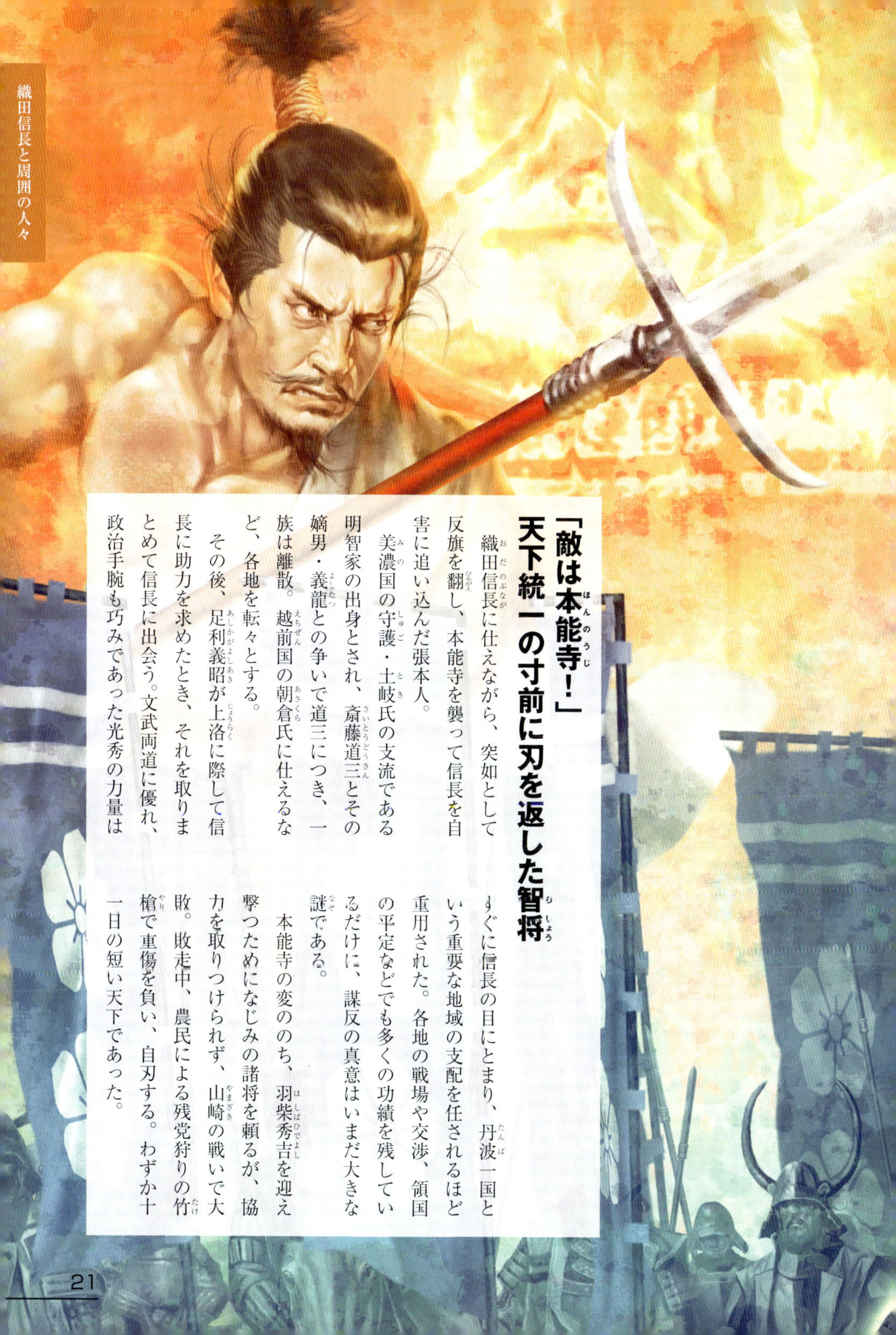

「敵は本能寺《ほんのうじ》!」
天下統一の寸前に刃を返した智将《ちしょう》

織田信長《おだのぶなが》に仕えながら、突如として反旗を翻《ひるがえ》し、本能寺を襲って信長を自害に追い込んだ張本人。

美濃《みの》国の守護《しゅご》・土岐《とき》氏の支流である明智家の出身とされ、斎藤道三《さいとうどうさん》とその嫡男・義龍《よしたつ》との争いで道三につき、一族は離散。越前《えちぜん》国の朝倉《あさくら》氏に仕えるなど、各地を転々とする。

その後、足利義昭《あしかがよしあき》が上洛《じょうらく》に際して信長に助力を求めたとき、それを取りまとめて信長に出会う。文武両道に優れ、政治手腕も巧みであった光秀の力量はすぐに信長の目にとまり、丹波《たんば》一国という重要な地域の支配を任されるほど重用された。各地の戦場や交渉、領国の平定などでも多くの功績を残しているだけに、謀反の真意はいまだ大きな謎《なぞ》である。

本能寺の変ののち、羽柴秀吉《はしばひでよし》を迎え撃つためになじみの諸将を頼るが、協力を取りつけられず、山崎《やまざき》の戦いで大敗。敗走中、農民による残党狩りの竹《たけ》槍《やり》で重傷を負い、自刃する。わずか十一日の短い天下であった。

織田信忠《おだのぶただ》

◉

生没年 1557（弘治《こうじ》3）～1582（天正《てんしょう》10）

別名 奇妙丸《きみょうまる》、菅九郎《かんくろう》、信重《のぶしげ》

官職 秋田城介《あきたじょうのすけ》、出羽介《でわのすけ》、左近衛権中将《さこのえごんのちゅうじょう》

偉大な父の血を受け継ぐも、若くして散った後継者

織田信長《のぶなが》と側室・生駒吉乃《いこまきつの》の間に生まれた嫡男《ちゃくなん》。

正室の帰蝶《きちょう》（お濃《のう》）には子がなかったため、信長の後を継ぐ正統な後継者として育てられ、それに応《こた》えてさまざまな勲功《くんこう》を立てた。伊勢長島《いせながしま》の一向一揆《いっこういっき》攻めでは一軍の大将を務め、長篠《ながしの》の戦いにも参戦。のちの武田《たけだ》氏攻めにおいては滝川一益《たきがわかずます》らを率いて総大将を務め、信長の援軍を待たずして、ひと月足らずで武田勝頼《かつより》を討ち取り、武田氏を滅亡に追いやった。

信長の生前から織田氏の家督《かとく》をゆずられ、信長が安土《あづち》城に拠点を移した際には、織田氏の本拠地・美濃《みの》国の統治をゆだねられるなど、執政面でも中心的な役割を果たすよう期待されていたことがわかる。

本能寺《ほんのうじ》の変では信長の救援に間に合わず、二条御所《にじょうごしょ》にとって返して誠仁《さねひと》親王ら皇族を禁中《きんちゅう》に移し、戦禍《せんか》から守った。自身は二条御所で明智光秀《あけちみつひで》の軍と戦い、自刃して散る。二十六歳の若さだった。

丹《に》羽《わ》長《なが》秀《ひで》

◉

生没年 1535（天文《てんぶん》4）～1585（天正《てんしょう》13）
別名 万千代《まんちよ》、惟住五郎左衛門《これずみごろざえもん》、羽柴長秀《はしばながひで》
官職 参議《さんぎ》

古くから信長《のぶなが》に仕え、秀吉《ひでよし》からも一目置かれた才人

織田《おだ》信長の重臣。若いころから信長の近くに仕え、桶狭間《おけはざま》の戦いにも従軍している。

美濃《みの》国を平定した信長が上洛《じょうらく》し、畿《き》内《ない》とその周辺に勢力を広げると、近江《おうみ》国の浅井《あざい》・朝倉《あさくら》連合軍や北陸の一向一《いっこういっ》揆《き》、松永久秀《まつながひさひで》らとの戦いに加わり、また、丹波《たんば》国や播磨《はりま》国などの要衝で転戦、数々の武功をあげる。同じころ、京都で松井夕閑《まついゆうかん》とともに名茶器を集める「名物狩り」の奉行《ぶぎょう》を務め、佐和山《さわやま》城下では大船建造の奉行、安土《あづち》築城では普請《ふしん》奉行など、多才ぶりを示している。

本能寺《ほんのうじ》の変の際には信長の三男・信《のぶ》孝《たか》を補佐して羽柴《はしば》秀吉の軍に加わり、明智光秀《あけちみつひで》を討つ。その後、清洲《きよす》会議で織田氏の宿老として列せられ、以降は羽柴秀吉に従うようになる。秀吉の姓「羽柴」が、丹羽長秀と柴田勝家《しばたかついえ》の一字ずつをとっているとされるように、秀吉も長秀の才覚には敬意を払い、晩年、病の床に伏した長秀に、秀吉は自らに仕えていた名医・竹田定加《たけだじょうか》を遣わしている。

斎《さい》藤《とう》道《どう》三《さん》◉

生没年 1494(明応《めいおう》3)?〜1556(弘治《こうじ》2)

別名 峰丸《みねまる》、法蓮房《ほうれんぼう》、庄九郎《しょうくろう》、山崎屋《やまざきや》庄五郎《しょうごろう》、西村勘九郎《にしむらかんくろう》、長井規秀《ながいのりひで》、斎藤利政《としまさ》、斎藤左近大夫《さこんだいぶ》、長井利政、新九郎《しんくろう》、秀竜《ひでたつ》

官職 不明

謎《なぞ》多き「美濃《みの》の蝮《まむし》」
信長《のぶなが》の器を見抜いた義父

織田《おだ》信長の正室・帰蝶《きちょう》（お濃《のう》）の父で、信長の義父に当たる人物。

その出生は謎に包まれてはっきりしない。現在は、父親が油商人から出世し、美濃国守護《しゅご》の土岐《とき》氏に仕えたと伝えられ、道三はその地盤を生かして土岐氏を追放、さらに配下の長井氏、斎藤氏をつぎつぎに乗っ取って美濃の国盗《と》りに成功したという説が有力とされている。

信長の父・織田信秀《のぶひで》とは対立関係にあったが、信長と帰蝶との縁組みにより、和睦《わぼく》する。当時、信長は「うつけ者」といわれた奇抜な格好をしていたが、道三との会見には整然と進む長槍《ながやり》・鉄砲隊を率い、正装で臨んで周囲を呆気《あっけ》にとらせた。道三は信長の器量を感じ、臣下が信長を「うつけ者」と言うなか、「そのうつけの門前にわが家の子らは馬をつなぐだろう」と答えたと伝えられる。

信長とは友好的な関係を築いたが、自らの嫡男・斎藤義龍《よしたつ》とは確執を生じ、これに攻め滅ぼされた。

森《もり》蘭《らん》丸《まる》

◉

生没年 1565(永禄《えいろく》8)~1582(天正《てんしょう》10)

別名 成利《なりとし》、乱《らん》、乱法師《らんぼうし》、長定《ながさだ》

官職 不明

信長《のぶなが》のそばにあり、本能寺《ほんのうじ》の炎に没した薄幸の若者

信長に近習《きんじゅう》として仕えた青年。織田《おだ》氏の重臣・森可成《もりよしなり》の子で、兄の長可《ながよし》、弟の坊丸《ぼうまる》、力丸《りきまる》も信長の家臣として仕えていた。

幼少のころから信長に見出され、奏《そう》者《じゃ》として側仕《そばづか》えを命じられる。信長が諸将へ恩賞《おんしょう》を与える際には取り次ぎ役を務めたらしく、その記録がいくつも残っている。本能寺の変の折も信長のそばにあり、弟たちとともに奮戦するが、多勢に無勢で討ち死にする。

信長の近くにいた臣下として一、二を争うほど著名な人物だが、実際に歴史資料に登場するのは数年だけで、名も「乱」「乱法師」「乱丸《らんまる》」と記されている。「蘭」の字は後世に当てられたらしく、人物像には創作による影響が大きいと考えられる。

しかし、信長の寵愛《ちょうあい》を受けていたことは確かであり、最期の瞬間まで信長がそばにおいていたという事実や、のちに多くの作品が彼を取り上げていることが、蘭丸の魅力を象徴しているといえる。

尾張国

お市《いち》

生没年　1547（天文《てんぶん》16）〜1583（天正《てんしょう》11）
別名　小谷《おだに》の方《かた》、市姫《いちひめ》、秀子《ひでこ》
官職　不明

乱世に翻弄《ほんろう》された、悲運にまみれし絶世の美女

信長《のぶなが》の妹。高野山《こうやさん》に残る肖像画などから「戦国一の美女」と伝えられており、日本史上でも屈指の著名な女性である。

信長の勢力拡大に合わせ、信長の命で近江《おうみ》国の戦国大名・浅井長政《あざいながまさ》に嫁ぐ。しかし、信長と朝倉《あさくら》氏とが衝突すると、長政は旧来の朝倉氏との同盟を重視し、信長との協調関係を破棄する。

このとき、お市が小豆《あずき》の袋の両端を縛って信長に送り、「袋のねずみ」になぞらえて挟撃の危険を知らせた逸話はよく知られている。

長政は結局、信長に攻め滅ぼされ、お市は三人の娘とともに信長に保護された。その後、本能寺《ほんのうじ》の変が起こり、信長の後継争いのなか、柴田勝家《しばたかついえ》の妻となる。しかし、こちらも羽柴秀吉《はしばひでよし》に攻め滅ぼされ、娘たちは助けられるものの、今度はお市は夫とともに自刃して果てている。

なお、長女の茶々《ちゃちゃ》はのちに秀吉の側室となり、淀殿《よどどの》とよばれ、豊臣《とよとみ》氏で権勢を振るうこととなる。

帰蝶《きちょう》

◉

生没年 1535（天文《てんぶん》4）?～1612（慶長《けいちょう》17）?
別名 濃姫《のうひめ》、安土殿《あづちどの》、鷺山殿《さぎやまどの》
官職 不明

妻として、陰から覇王《はおう》を支えた隠れた女傑《じょけつ》

織田信長《おだのぶなが》の正室。斎藤道三《さいとうどうさん》の娘で、織田氏と斎藤氏の和睦《わぼく》の証《あかし》として信長に嫁いだ。

謎《なぞ》に満ちた人物で、生没年すらはっきりしない。父・道三の死後、和睦が意味をなさなくなったために美濃《みの》進出を始めた信長によって実家へ帰されたとも、そのまま信長のもとにいたとも伝えられる。一方で早くに病没したという説や、本能寺《ほんのうじ》の変ののちも存命だったという説もあるが、いずれも確証は得られていない。

ただ、信長の妻を務められるほど胆《たん》力《りょく》のある女性であったことは確かなようで、さまざまな逸話が残っている。嫁入り前、道三から「信長が真のうつけなら殺せ」と懐剣を渡され、「これは父上を討つ刀になるやもしれませぬ」と答えた話は有名。また、信長のもとで得た内情を逐一、道三に報告していたともいわれる。

信長との間に子はできなかったようだが、家中の取りまとめに一役買ったことは間違いないだろう。

ミニ知識

信長《のぶなが》と秀吉《ひでよし》・家康《いえやす》

織田《おだ》信長、豊臣《とよとみ》秀吉、徳川《とくがわ》家康。この三人は移り変わっていく時代の流れに大いにかかわり、「三英傑」とよばれている。しかも、彼らはその飛躍の過程において相互に深く関与し合っている。夢半ばに倒れた信長の勢力を秀吉が継承し、その秀吉の死後に家康が台頭した、という具合だ。この項では、信長と秀吉・家康の関係について触れていきたい。

❶信長と秀吉

秀吉はまず奉公人の小者《こもの》として信長に仕え、やがて頭角を現していく。浅井長政《あざいながまさ》を攻め滅ぼしたのちは近江《おうみ》に領地を与えられて長浜《ながはま》城主となり、ついには中国方面の侵攻を任される司令官にまでなった。

秀吉という人には独特の愛嬌《あいきょう》があり、またたいへんマメで、かつ機転もきいたので、信長に気に入られたらしい。たとえば、ある冬の日の朝、秀吉が用意した草履《ぞうり》が温かかった。「尻に敷いたな」と信長がしかると、秀吉は「懐《ふところ》（または背中）で温めていたのです」と答えたという。

秀吉にはしばしば独断専行をする癖があった。たとえば中国侵攻において勝手に宇喜多直家《うきたなおいえ》を味方に取り込んでしまった際には信長も怒ったが、その後許している。こうした勝手な働きを認めることが秀吉を生かす道、と信長は理解していたようだ。

また、信長は秀吉の妻であるおねのことも気に入っていたらしい。秀吉の女性問題で二人が夫婦げんかをした際、彼女に送った手紙で「お前のようなすばらしい女性は、禿《は》げ鼠《ねずみ》（秀吉）には二度と求められない」と慰めつつ、「一国の城主の正室なのだから、焼き餅《もち》など焼かず、どっしりと構えるように」とアドバイスまでしている。

❷信長と家康

信長と家康は、桶狭間《おけはざま》の戦いののちに清《きよ》洲《す》同盟を結んで以来二十年、固く同盟を守り続けた。戦国の世にあって珍しい関係だ。信長が西へ進出するにあたっては、家康が東の盾として機能することが欠かせなかったのは間違いない。また、金ケ崎《かねがさき》撤退戦や姉川《あねがわ》の戦いといった合戦にも家康はたびたび援軍を派遣して、信長を助けている。

しかし、織田・徳川関係がつねに良好だったわけではない。家康の長男・信康《のぶやす》およびその母・築山殿《つきやまどの》と、信康に嫁いでいた信長の娘・徳姫《とくひめ》の関係が悪化する事件が起きた。しかも徳姫が父に「二人は武田《たけだ》に密通している」と訴えたものだから信長は怒り、家康に命じて二人を殺させてしまった。

同盟とはいっても信長のほうが優勢な関係であったし、じつはこの騒動自体が家康を試すために仕組んだ信長の陰謀だという説もあるから、家康および徳川家臣団としてはのまざるをえなかったのだろうが、内心にはやるせないものがあったはずだ。

第2章

雌伏期「尾張の大うつけ」

のちの「戦国の覇王」織田信長も、その出自は守護代のそれも傍系にすぎず、若き日は奇妙な振る舞いから「うつけ」と侮られる存在でしかなかった。この章では、そんな信長がいかにして頭角を現していくことになったのか、また信長以前の織田氏がどんな状況にあったのかを紹介していく。

12～15世紀頃

織田《おだ》氏の起源と謎《なぞ》

織田氏の祖先は平氏《へいし》？

織田氏の発祥を探る手がかりとして残されたさまざまな系図は、どれも共通して平資盛《たいらのすけもり》を祖と記している。

経緯としては、以下のようになる。まず、資盛が都に住まわせていた身重の妾《めかけ》がいた。彼女は平氏が滅びると、産んだ子どもを連れて近江津田《おうみつだ》郷《ごう》に逃れる。そこで子どもは神職の者の養子となり、そのまま神職を継いだ。この子どもが平親真《たいらのちかざね》で、その十七代目の子孫が信長《のぶなが》ということになっている。しかし、これらの系図は江戸時代につくられたものであり、自身の血筋を政治利用した信長の思惑の影響下にあった可能性が強い。

織田氏、尾張《おわり》に移る

平氏が祖先という説は創作と思われるが「神職の出」とする説は信憑《しんぴょう》性が高く、もともとは越前《えちぜん》にある織田劔神社《つるぎじんじゃ》の神官だったようだ。織田劔神社には実際に越前の織田氏が本姓としていた藤原《ふじわら》氏の置文《おきぶみ》が伝わっているうえ、信長はここに対して手厚い保護を行っている。

織田氏は越前守護《しゅご》・斯波《しば》氏に仕えていたとされる。一四〇〇年（応永《おうえい》七）に斯波氏が尾張守護を任命されると、それに従い織田氏も尾張に移った。こうして、やがてこの地の支配者となる織田氏が、本拠を尾張に定めたのである。

歴史の真実

信長が利用した源平《げんぺい》交代思想

織田氏の祖先が平氏だという説が広まった背景には、信長の思惑があったらしい。信長は当時存在した源平交代思想を利用したと考えられるからだ。すなわち、かつて平清《たいらのきよ》盛《もり》らの平氏政権を、源頼朝《みなもとのよりとも》ら源氏《げんじ》が倒し、その後も平氏の北条《ほうじょう》氏、源氏の足利《あしかが》氏と続いた。今、足利氏の室町《むろまち》幕府の後を継ぐのは平氏の血筋を引く信長だ、というわけだ。

このように状況に合わせて系図を創作したり本姓を変えたりするのは、戦国大名の常《じょう》套《とう》手段であった。

織田氏の起源と謎

織田氏は越前国の神官だったが、主家に従う形で尾張へやってきた。
また、家系図上は平氏にさかのぼるが、これは創作とされる。

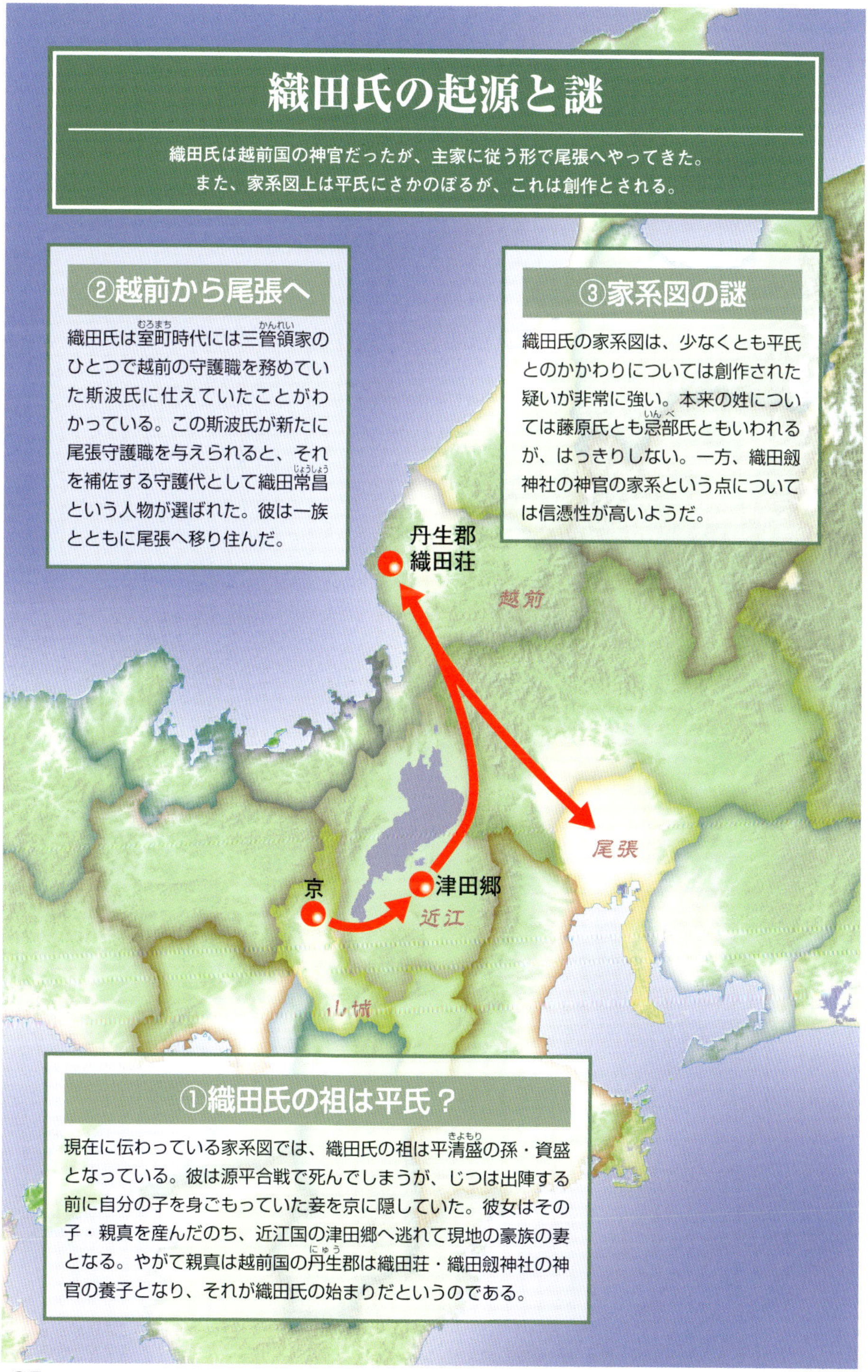

②越前から尾張へ

織田氏は室町《むろまち》時代には三管領《かんれい》家のひとつで越前の守護職を務めていた斯波氏に仕えていたことがわかっている。この斯波氏が新たに尾張守護職を与えられると、それを補佐する守護代として織田常昌《じょうしょう》という人物が選ばれた。彼は一族とともに尾張へ移り住んだ。

③家系図の謎

織田氏の家系図は、少なくとも平氏とのかかわりについては創作された疑いが非常に強い。本来の姓については藤原氏とも忌部《いんべ》氏ともいわれるが、はっきりしない。一方、織田劔神社の神官の家系という点については信憑性が高いようだ。

①織田氏の祖は平氏？

現在に伝わっている家系図では、織田氏の祖は平清盛《きよもり》の孫・資盛となっている。彼は源平合戦で死んでしまうが、じつは出陣する前に自分の子を身ごもっていた妾を京に隠していた。彼女はその子・親真を産んだのち、近江国の津田郷へ逃れて現地の豪族の妻となる。やがて親真は越前国の丹生《にゅう》郡は織田荘・織田劔神社の神官の養子となり、それが織田氏の始まりだというのである。

15～16世紀頃

清洲《きよす》織田《おだ》家と岩倉《いわくら》織田家

応仁《おうにん》の乱《らん》の始まり

室町《むろまち》幕府衰退の大きなきっかけになったのが、一四六七年（応仁元）から京を中心に十一年にわたって続いた応仁の乱だ。これは将軍・足利《あしかが》義政《よしまさ》の後継者争いに、幕府の重鎮である細川勝元《ほそかわかつもと》と山名宗全《やまなそうぜん》の勢力争い、さらには有力守護大名《しゅごだいみょう》各家の後継者争いまで絡み、状況は泥沼と化した。

こうした後継者争いが真っ先に起こったのが、織田《おだ》氏の主家・斯波《しば》氏だった。当主の義健《よしたけ》の急逝をきっかけに、支流の義敏《よしとし》と渋川《しぶかわ》氏出身の義廉《よしかど》が争い始めた。それに対して幕府は一貫性に欠けた命令を下し、これに織田氏も大いに翻弄《ほんろう》される。

清洲・岩倉両織田家

混乱する情勢のなか、織田義敏《よしとし》が守護代に抜擢《ばってき》されて尾張《おわり》に赴任すると、織田氏の本流は清洲織田家と岩倉織田家の二つに分かれた。

清洲織田家は、清洲城に拠《よ》って尾張の下四郡を所有し、斯波氏に仕えた。「大和守《やまとのかみ》織田家」ともいう。もう一方の岩倉織田家は、岩倉城に拠って上四郡を所有した。「伊勢守《いせのかみ》織田家」ともいう。両派は長年にわたって抗争を続けたが、やがて互いに疲弊し、勢力が衰えていく。これに代わって頭角を現していくのが、清洲織田家の家老で三奉行のひとりであった、織田信秀《おだのぶひで》――信長《のぶなが》の父である。

豆知識　幕府の実権の消滅

応仁の乱の結果、幕府の権威は完全に失墜し、諸大名は実力による領国統治権の確保を必要とした。また、幕府の勢力の届く範囲は京都周辺に限られるようになり、幕府の裁判権行使も畿内《きない》に限定されるようになった。

さらに応仁の乱後も争いを続けていた畠山義就《はたけやまよしなり》・政長《まさなが》両軍を、地方豪族を中心とした国人衆《こくじんしゅう》が団結して撤退させる山城国一揆《やましろのくにいっき》が起こる。それは、南山城地方が国人衆に統治されれ、新しい情勢が形成されつつあることを物語っている。

清洲織田家と岩倉織田家

主家の斯波氏が衰退し、室町幕府そのものも力を失うなか、
織田氏は清洲・岩倉の両織田家が尾張をめぐって争うようになる。

斯波義敏が越前守護代・甲斐《かい》将久《ゆきひさ》と対立し、
将軍・足利義政に征伐されて守護の地位を失う。

↓ ところが

義政、義敏を許して守護に戻してしまう。

↓

各地で守護大名家および将軍家内部の対立が続発

応仁の乱

↓

影響が尾張にも波及！

↓

衰退した斯波氏に代わり、織田氏が尾張の覇権をめぐって争う

↓

岩倉織田家

もともとの織田氏の本家筋。岩倉城を本拠地とし、尾張上四郡の分郡守護代となる。「伊勢守織田家」とも。

↔

清洲織田家

もとは守護又代《まただい》。清洲城を本拠地とし、尾張下四郡の分郡守護代として斯波氏を奉じる。「大和守織田家」とも。

1530～50頃

織田信秀《おだのぶひで》の雄飛

合戦に、外交に活躍する

信秀は織田氏の傍系である弾正忠《だんじょうのじょう》家の出身で、最初は清洲《きよす》織田家の三奉行のひとりでしかなかった。しかし、祖父や父の代から小さな寺社の領地などを支配していくことで力を増し、しだいに守護《しゅご》と変わらない力の持ち主となっていった。

尾張《おわり》で力をもった信秀は、国外へと射程距離を広める。北隣にある美《み》濃《の》の斎藤道三《さいとうどうさん》、東隣にある三河《みかわ》の松平氏とそれを支配する今川《いまがわ》氏を攻めたのだ。斎藤道三は手ごわく攻め落としきれなかったが、今川氏との戦いでは安祥城《あんしょうじょう》を陥落させるなどして、西三河の支配権を激しく争った。

信秀を支えた経済力

傍系出身でありながら信秀がこのように活躍することができたのは、高い経済力をもっていたからだった。弾正忠織田家は信秀の父・信貞《のぶさだ》（信定）の代から商業都市・津島《つしま》を支配していた。津島は当時、伊勢《いせ》湾近辺の港町として栄えていた。またたくさんの人々を集めていた津島神社の門前町でもあったため、経済的に非常に潤っていたのだ。さらに信秀は、熱《あつ》田神宮《たじんぐう》の門前町であり、商業・交通の要所でもあった熱田にも手を伸ばした。信秀はこの二か所で地元の有力者たちとうまくつきあい、その経済力を手に入れたのである。

豆知識

津島神社と熱田神宮

津島神社は天王《てんのう》信仰の中心地のひとつとして栄えた。これは牛頭天王《ごずてんのう》という神を祀《まつ》るものである。牛頭天王は元はインドの祇園精舎《ぎおんしょうじゃ》の守護神とされていた神だったが、日本ではスサノオノミコトと同一視されつつ、疫病から人々を守る神として信仰された。熱田神宮は三種《さんしゅ》の神器《じんぎ》のひとつ・草薙《くさなぎ》の剣《つるぎ》を祀《まつ》るものであり、源頼朝《みなもとのよりとも》以来長く武将たちにも崇敬され、厚い保護を受けていた。これらの神社に各地から人が集まり、周辺の宿などに金を落としていったのだ。

織田信秀の雄飛

長い戦いのなかで清洲・岩倉の両織田家が力を失っていくと、
代わって傍系の織田信秀が勢力を急激に伸ばしていく。

③信秀の対外進出

信秀は対外政策にも積極的だった。東に向かっては三河に進出し、安祥城を攻め落とすなどして、一時は西三河のかなり広い部分を支配下においている。北に向かっては美濃の斎藤道三と戦っている。また、中央との関係づくりにも熱心で、皇室の修理費に四千貫を献上した、という記録も残っている。

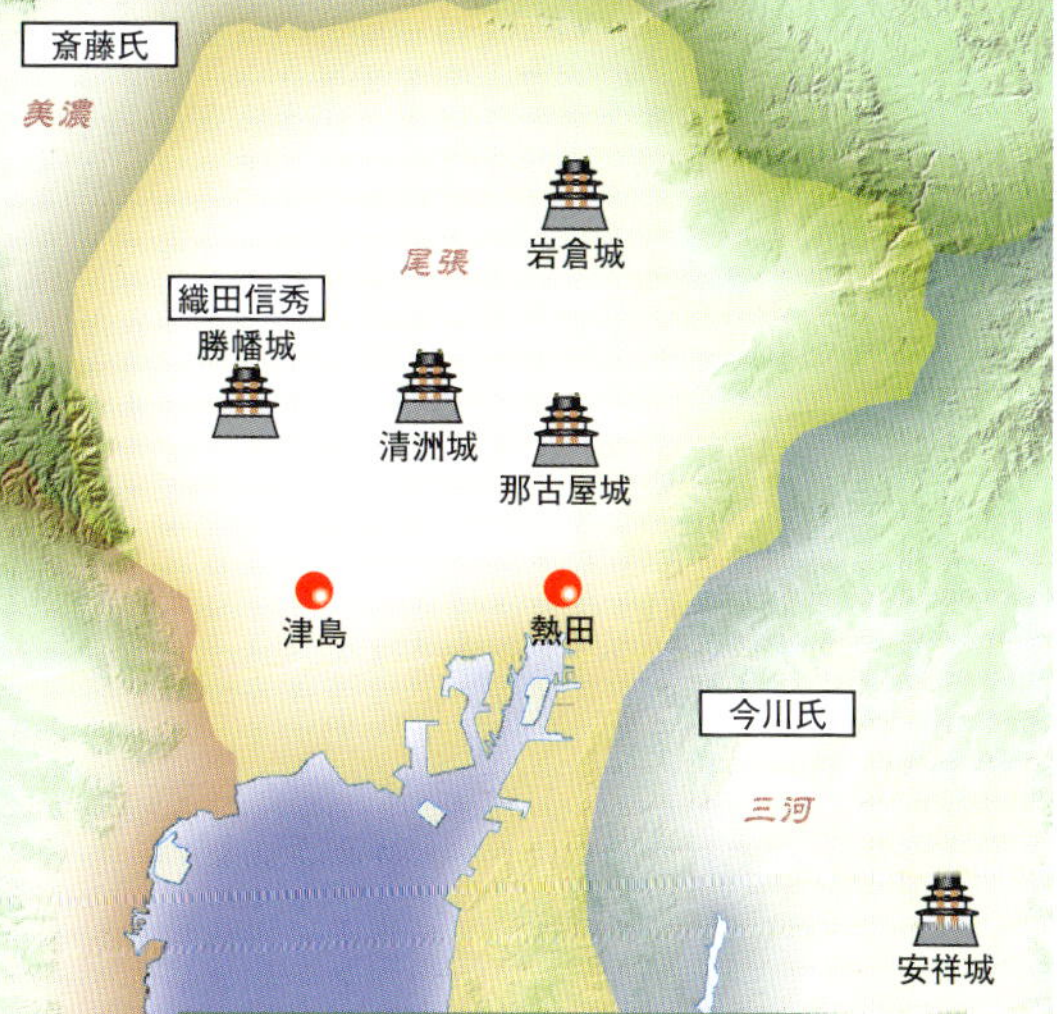

②商業都市の経済力をバックに

信秀の躍進を支えたのは、商業都市の経済力だった。まず、父・信貞（信定）の時代には津島を支配している。さらに信秀自身の手で、やはり商業・交通上の要地であるとともに熱田神宮を擁する熱田も支配下においた。信秀はこれらの都市に根を張る土豪たちの権益を保護する代わりに、莫大《ばくだい》な経済力の提供をうけた。その富は、京からやってきた公家《くげ》が信秀とその家臣団の財力に驚いた、という逸話が残っているほどである。

①傍系出身の大人物

弾正忠織田家は清洲織田家に仕える三奉行のひとつで、織田氏の傍系に当たる。この家は信長の曾祖父・織田良信《ながのぶ》のころから寺社の領地を勝手に奪うなど勢力拡大の動きが活発だったが、その子・信秀の代になると勢いを増す。那古屋《なごや》今川氏を倒して那古屋城を奪い、岩倉織田家とも対立して、つぎつぎと勢力を広げていった。

林秀貞《はやしひでさだ》◉

生没 ?～1580（天正8）
別名 新五郎、通勝
官職 佐渡守

織田信秀《おだのぶひで》の代から織田家に仕えた老臣。若き日の信長《のぶなが》の言動に不満を抱き、いちじは柴田勝家《しばたかついえ》とともに弟・信行《のぶゆき》の擁立を画策するが失敗。信長に許され、以降は重臣のひとりとして家中を取りまとめる。が、のちに信長にうとまれ、二十年以上前の信行擁立の罪で突然、追放される。

村井貞勝《むらいさだかつ》◉

生没 1528（享禄元）?～1582（天正10）
別名 春長軒、吉兵衛
官職 民部丞、長門守、京都所司代

信長が足利義昭《あしかがよしあき》を奉じて上洛《じょうらく》したのち、京都《きょうと》の政務を司《つかさど》った中心人物。禁裏御所《きんりごしょ》の修築や京都二条《にじょう》新邸の造営、将軍御所の解体、四条《しじょう》の橋の架設など、多方面の行政で名を残している。本能寺《ほんのうじ》の変の際も京都にあり、織田信忠《のぶただ》とともに二条御所に入って誠仁《さねひと》親王らを避難させたのち、討死。

尾張国

佐久間信盛《さくまのぶもり》

生没 1527（大永7）～1582（天正10）
別名 牛助、出羽介、右衛門尉、宗盛、退き佐久間
官職 不明

三十年以上もの間、信長に仕えた、柴田勝家や羽柴秀吉《はしばひでよし》らと並び立つ重臣。殿《しんがり》を務めることを得意として「退《の》き佐久間」の異名で知られた。石山本願寺《いしやまほんがんじ》攻めにおいて総大将となり、囲い攻めを行うが、成果を上げられずに歳月を無《む》為《い》に費やしたと信長に折檻状《せっかんじょう》を突きつけられ、高野山《こうやさん》に追放される。一族郎党に見限られ、その後は高野山からも追われて熊野《くまの》に落ち延び、人知れず死去する。

尾張国

池田恒興《いけだつねおき》

生没 1536（天文5）～1584（天正12）
別名 勝三郎、勝入
官職 紀伊守

信長の乳母《うば》・養徳院《ようとくいん》の子。幼少期より織田氏に仕え、桶《おけ》狭間《はざま》の戦いや姉川《あねがわ》の戦いなどに加わる。のちに信長に背いた荒木村重《あらきむらしげ》を破り、その領地を手にした。本能寺《ほんのうじ》の変ののちには柴田勝家、丹羽長秀《にわながひで》、羽柴秀吉らとともに織田氏の宿老《しゅくろう》に列せられる。以後は羽柴秀吉に与《くみ》し、徳川家康《とくがわいえやす》との小牧《こまき》・長久手《ながくて》の戦いにも秀吉方で参戦。徳川方の背後をつこうと行軍するが家康に見破られ、逆襲を受けて戦死する。

1534

信長《のぶなが》の誕生

信長の父母と兄弟

織田信秀《おだのぶひで》が勢力を拡大していくさなか、一五三四年（天文三《てんぶん》）、その嫡男《ちゃくなん》（庶兄は複数いたようだ）として信長が生まれた。母の土田御前《つちだごぜん》については、出身地や経歴に諸説あり、美濃《みの》に土田城《つちだじょう》を築いた土田秀定《ひでさだ》の孫娘とするものや、甚目寺《じもくじ》周辺を支配していた政久《まさひさ》の娘とするものなどがある。

また、信長には腹違いの者も含めて多くの兄弟がいたが、同腹の弟・信行《のぶゆき》（信勝《のぶかつ》）は母である土田御前にとくにかわいがられていた。一方で、気性の荒い信長は彼女に疎まれており、母親からの愛情をほとんど受けないまま育っていってしまう。

「大御乳《おおおち》さま」養徳院《ようとくいん》

武家に生まれた信長には、慣習によって乳母《うば》がつけられた。しかし、信長は生まれつきかんしゃくもちで、乳母が乳を与えるたびに、その乳首を噛《か》み破ったという。

そのために何度も乳母が変わったのだが、そのなかでたった一人、信長がおとなしく乳を飲んだ女性がいた。それが池田恒利《いけだつねとし》の後室・養徳院である。しっかり者で豊かな母性を備え、また乳の量も多かった彼女が、信長の感性にぴたりと当てはまったのだろうか。この養徳院の子のひとりが池田恒興《つねおき》であり、のちに信長の側近として活躍することになる。

エピソード

幼き信長、小さい蛇

信長がまだ幼いころ、庭で遊んでいると蛇が出てきた。信長はこれをつかみ上げ、いあわせた近臣にその蛇を見せながら、「このようなことを勇というのか」と尋ねた。

これに対し近臣が「小蛇なんぞは恐れるにたらぬものです」と答えると、信長は「蛇の毒はその大小には関係ない。蛇が小さいからといって恐れないというのなら、もし主君が幼年ならば、お前たちはその主君を侮るのか」と返したので、近臣は大いに赤面したという。

信長の誕生

尾張で急成長を遂げる織田信秀の嫡子として、信長が生まれる。
幼いころから気性が荒く、親との縁は薄かったという。

父・信秀

信長以外にも11男12女（諸説あり）をもうけた子だくさん。

母・土田御前

尾張《おわり》国海東《かいとう》郡（美濃国可児《かに》郡とも）の土豪・土田氏の娘

粗野な振る舞いの目立つ信長を嫌い、利発な弟・信行を溺《でき》愛《あい》する。

1534年5月、織田信長（幼名：吉法師《きつほうし》）が誕生！

↓

気性が荒く、幾人もの乳母の乳首を噛み破ったが、養徳院の乳はおとなしく飲んだという。

13歳で元服し、以後は「三郎信長」を名のる。

↓

14歳で今川方の三河《みかわ》国・吉良大浜《きらおおはま》を攻め、初陣を飾る。

→

同時期、父・信秀より那古《なご》屋《や》城をゆずり受ける

お目付役の四家老

- 林秀貞《はやしひでさだ》
- 平手政秀《ひらてまさひで》
- 青山与三右衛門《あおやまよそうえもん》
- 内藤勝介《ないとうしょうすけ》

1540～50頃

「大うつけ」とよばれて

ばかにされた青春時代

青春時代の信長《のぶなが》は、城下の人々から「大うつけ」とよばれ、ばかにされていた。その原因は、信長の服装や振る舞いにある。

信長は帷子《かたびら》の袖《そで》をはずし、下は半《はん》袴《ばかま》、髪は高く茶せんに結ったスタイルで町に繰り出していた。これは戦場に出る服装であるともいわれ、平和な城下では完全に浮いた格好であった。それに加え、人目を気にせずに歩き食いや立ち食いをし、さらには人に寄りかかって歩くという見苦しい行為を繰り返したために、信長は人々から白い目で見られるようになったのである。

振る舞いの意味

「うつけ」とは「空虚」と書き、「ばかもの」といった意味。確かに若き信長はそのように見えるが、奇妙な振る舞いのなかに、後年の活躍を思わせる要素がある。信長は馬術や水泳、武器の鍛錬に熱心で、取り巻きと模擬戦めいたものもやっていたようだ。さらに、母の一族である生駒《いこま》姓土田《つちだ》氏（元は土田なのだが、なぜか生駒と名のっていた）と交流を持つ。生駒氏は馬借《ばしゃく》（運送業）を営んでおり外部の情報に強く、また力自慢の荒っぽい男達が集う職場であったことから、型破りな発想や気風を身につけていったとも考えられる。

人間関係

信長がほれた生駒氏の女

生駒氏と信長のつながりはその後も続く。生駒氏の娘を愛《あい》妾《しょう》とするのだ。信長が当時居城としていた清洲城《きよすじょう》から馬を飛ばし、正室の帰蝶《きちょう》に隠れて足しげく会いに行ったその女性の名は、生駒吉乃《きつの》。吉乃は信長の嫡子である信忠《のぶただ》と、次男の信雄《のぶかつ》、長女の徳姫《とくひめ》を産んでいる。そして、この吉乃と信長の母である土田《つちだ》御前《ごぜん》は、年齢はかなり離れているものの、じつは従姉妹《いとこ》どうしに当たる。織田氏は信長と吉乃の関係を含めると、三代にわたって土田・生駒家との婚姻を繰り返していることになる。

「大うつけ」とよばれて

若き信長は奇妙な振る舞いを好んだことから家臣団の反発を食らって
「大うつけ」とよばれたが、それは才能の発露だったとも。

若き日の信長の振る舞い

奇妙な格好で他人に寄りかかりながら道を歩き、また柿や餅などを食べながら歩いたりもしたともいう。

信長は武芸に励む一方、竹槍《たけやり》で合戦のまねごとをさせたりしていた。後年に好んだ相撲などにも熱心だったろう。

信長と取り巻きたち

前田利家　織田信長　池田恒興

反発

織田家臣団

林秀貞　柴田勝家　平手政秀

信長さまは振る舞いがあまりにも奇妙で大うつけだ！

「中がうつろ」「からっぽ」を示す言葉で、人間を指すときには「まぬけ」「馬鹿者」という罵倒《ばとう》の言葉になる。

しかし

後年の信長の大活躍から、従来の常識に縛られない自由な発想力の発露だったとみる向きも多い。

1549 頃？

家康《いえやす》との邂逅《かいこう》

東海地方の情勢

織田信秀《おだのぶひで》が飛躍し、信長《のぶなが》が成長していた時期、美濃《みの》では斎藤道三《さいとうどうさん》が、駿河《するが》では今川義元《いまがわよしもと》が、それぞれ勢力を広げつつあった。さらに三河《みかわ》では隆盛を誇った松平《まつだいら》氏が、当主・清康《きよやす》が暗殺された事件をきっかけに内乱を繰り返して衰退していった。そのなかで清康の嫡子・広忠《ひろただ》は居城である岡崎城《おかざきじょう》を追われてしまい、駿河の今川氏の庇護《ひご》を受けることになる。これにより東三河は今川氏の支配下となった。

一方、西三河は信秀による侵入が絶えず、広忠はその侵攻を防ぎ切る力をもたなかった。

人質として過ごした家康の幼少期

信秀の侵攻に対し、広忠は今川氏に救援を要請した。結果、嫡男の竹《たけ》千代《ちよ》——のちの徳川《とくがわ》家康を人質として差し出すことになった。ところが話は簡単にはいかない。家康は駿府《すんぷ》に向かう途中、松平・今川両氏に不満をもつ戸田《とだ》氏によって尾張《おわり》へ送られ、織田氏の人質になってしまったのである。数年後、家康は織田・今川の外交交渉の一環として、今度こそ駿府で今川氏の人質になった。

この時期、信長と家康は同じ場所にいたことがある。ふたりが出会い、その後数十年にわたる友情の萌芽《ほうが》をはぐくんでいた可能性があるのだ。

エピソード

信長と秀吉の出会い

では、三英傑のうちのもうひとり、豊臣秀吉《とよとみひでよし》と信長の出会いはどうなのだろう。秀吉はもともと尾張の下級武士の出身だったが、各地を放浪したすえに尾張に戻ってくる。そして、信長の小人頭《こびとがしら》の「がんまく」や「一若《いちわか》」といった人々の紹介で、小者《こもの》として信長に仕えるようになったという。

身分にこだわらず能力だけを冷酷に評価する信長と、知恵と機転を備えた秀吉は非常に相性がよく、信長の飛躍にともなって秀吉もトントン拍子で出世していくことになる。

家康との邂逅

この時期の東海地方では織田信秀と今川義元の戦いが続いていた。
そのなかで信長と徳川家康が出会っていたのではないか？

1540年代頃の東海地方

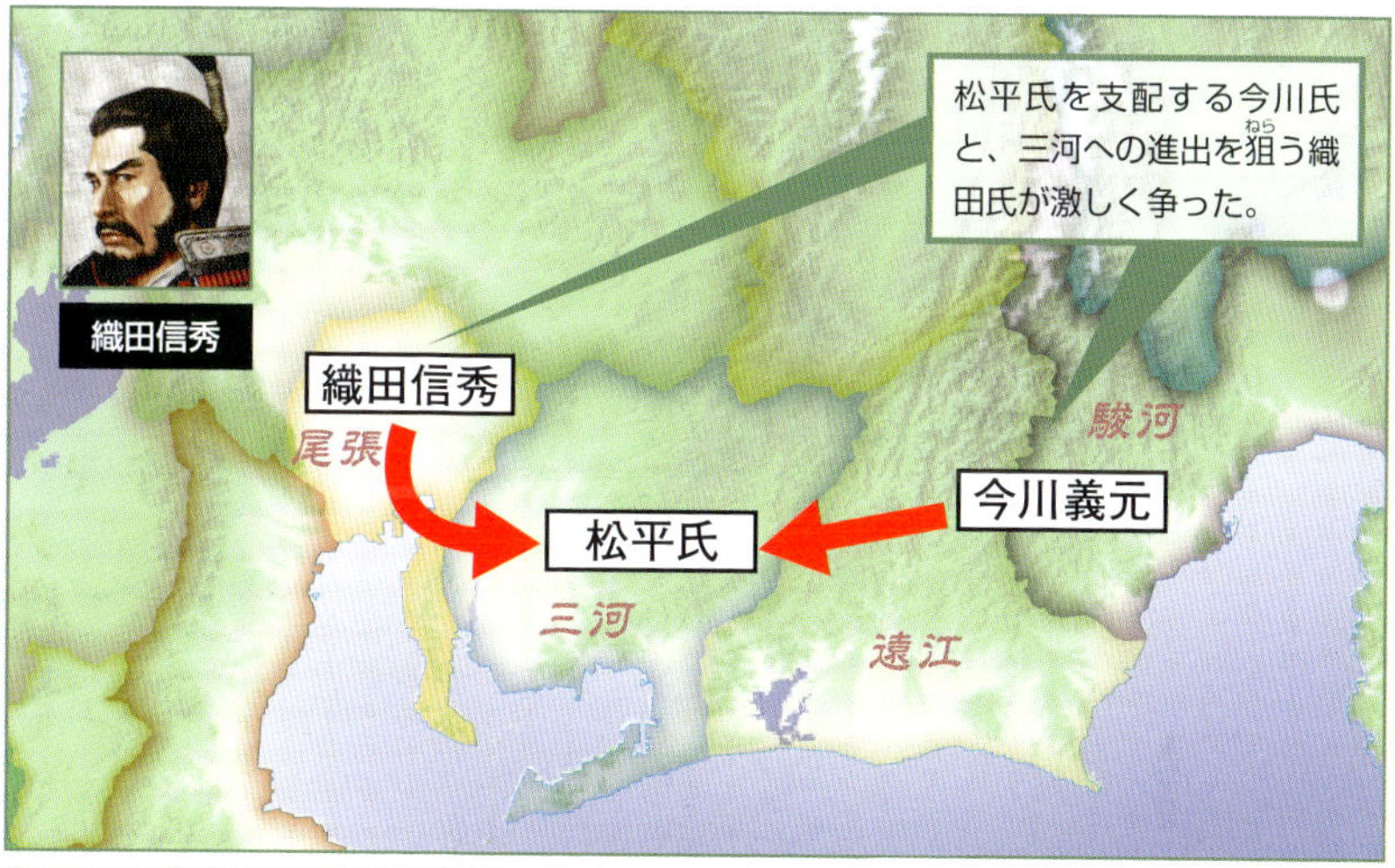

1547年、松平家の嫡男・竹千代（のちの徳川家康）が、
援軍と引き換えに今川方の人質となるために駿府へ出発する。

ところが

戸田氏の裏切りで、織田方の人質にされてしまう！

家康は１年と７か月を尾張で過ごした後、織田氏と今川氏の外交取引の結果として、結局は今川氏のもとへ向かう。

この時期に信長（15歳頃）と家康（6歳頃）が出会っていた可能性がある

1546～49

「美濃《みの》の蝮《まむし》」と信長《のぶなが》

信秀《のぶひで》と道三《どうさん》、和平を結ぶ

斎藤《さいとう》道三は美濃守護《しゅご》・土岐《とき》氏の家臣だったが、下剋上《げこくじょう》により主君の頼《より》芸《のり》を倒し、美濃の支配権を奪い取っていた。

一方、道三に追われた頼芸は、尾《お》張《わり》の織田《おだ》信秀を頼った。そのため、道三と信秀が対決することになったが、信秀は道三の居城・稲葉山城《いなばやまじょう》まで攻め込んだものの反撃されて打ち破られるなど、苦戦した。そこで信秀は、道三と講和する道を選び、一五四八年（天文《てんぶん》十七）に和平交渉が成立。その証《あかし》として道三の娘・帰《き》蝶《ちょう》が、信秀の後継者である信長のもとへ嫁ぐことになった。

信長と道三

かくして、道三は信長の後見人という立場になったが、その信長には「うつけ」という悪評が強い。あらためて娘婿の器量を見定めたいと考えた道三は、信長に会うことにした。

道三はまず、隠れて信長を待ち伏せ、道中の彼を見物することにした。その格好は奇妙なものだったが、一方で供の兵士の持《も》つ長く戦いやすい槍《やり》や、渡来したばかりの新兵器である鉄砲に道三は驚かされた。そして実際の対面において、信長はすばやく正装し、見事な若殿姿で現れた。道三はその変身ぶりに驚き、信長を高く評価するようになった。

人間関係　信長と帰蝶

和議の証として信長に嫁いだ帰蝶は、「うつけ者」とよばれていた信長に、会う前から興味を覚えていたという。そして、実際に対面を果たして信長の器量を見抜いた帰蝶はだんだんと信長にひかれていき、信長もまた女とは思えないほどの帰蝶の気丈さや利発さに、好感を覚えるようになっていったと思われる。しかし道三の死後、信長にとって利用価値のなくなった彼女に関する記述は現在ほとんど残っておらず、その後の帰蝶についてはよくわからない。

「美濃の蝮」と信長

下剋上で美濃を手に入れた斎藤道三は、
娘婿となった信長の振る舞いに大いに驚き、彼の才覚を高く評価したという。

織田信秀

信長の父。尾張で大きな勢力を築き、美濃にも進出。

対決

斎藤道三

主君を下剋上で滅ぼし、「美濃の蝮」の異名をもつ。

1548 年、織田・斎藤同盟が成立し、戦いが終わる。

その証として

信秀の子・信長と道三の娘・帰蝶が婚姻を結ぶ。

信長と道三の対面

信長に興味をもった道三、待ち合わせての対面をする。

信長は奇妙な服装ながらも、長い槍や新兵器・鉄砲を備えた供を引き連れて周囲を驚かせ、道三はそれをこっそり観察する。

待ち合わせ場所に着くや否や正式な服装に着替え、威厳溢《あふ》れる態度で接してくる信長に、さすがの道三も驚きを隠せなかった。

道三いわく、「わしの子どもは、やがてあのたわけ殿の門前に馬をつなぐ（＝信長の家臣になる）だろう」。

解説1

信長《のぶなが》の政策①軍事

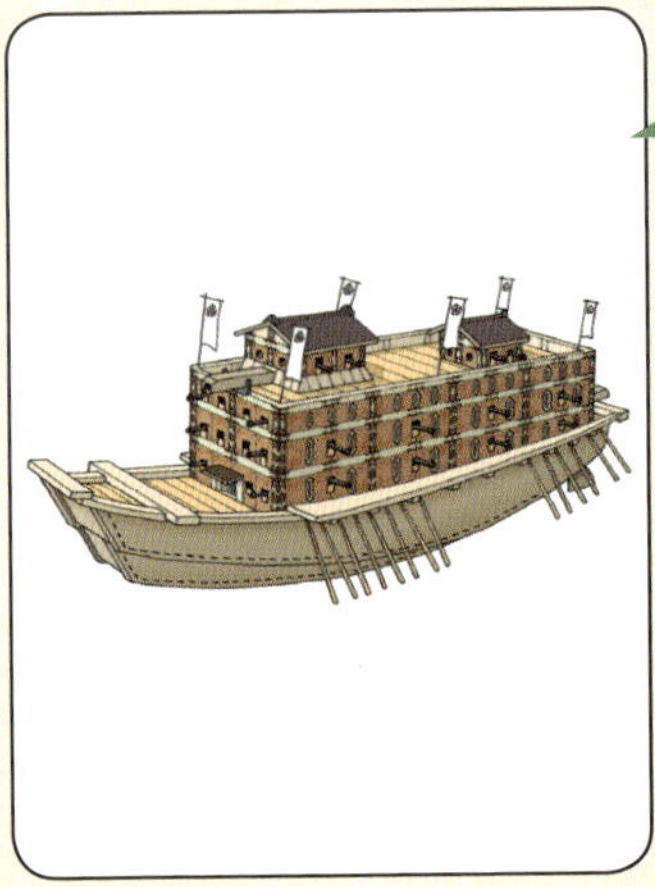

新兵器①鉄甲船《てっこうせん》

信長が伊勢志摩《いせしま》水軍の九鬼嘉隆《くきよしたか》に命じて造らせた巨大船。いわゆる安宅船《あたけぶね》とよばれる軍船の一種だが、毛利《もうり》水軍の焙烙火矢《ほうろくびや》（手投げ爆弾）に対抗するために船体が鉄張りだったことから、こんな名前がついた。三門の大鉄砲（大砲《おおづつ》）と多数の銃を備え、さらには五千人が乗れたというが、少々大げさな数字か。

新兵器②長槍《ながやり》と鉄砲

信長は三間（五・四メートル）あるいは三間半（六・三メートル）の槍を兵士たちに持たせた。当時の槍は二〜三メートルが普通だったので、これは非常に長いものだった。

信長がこの長槍を考案するきっかけは、「大うつけ」とよばれた若き日に、近臣たちに竹槍で擬似合戦を行わせたことであったという。

また、信長は当時海外から入ってきたばかりの鉄砲（渡来したとされる場所の名前から「種子島《たねがしま》」ともよばれた）にも強い興味を示した。

この新兵器は高価で手に入りづらかったが、尾張《おわり》時代に斎藤道三《さいとうどうさん》と会見したときからすでに相当の鉄砲をそろえていたらしい。

兵農分離・常備軍の創設

戦国時代、武士たちの多くは領地である農村と密接に結びついた存在であった。下級の武士ともなればふだんは農作業に従事し、合戦があればよびだされる――半農半兵であることが当たり前だった。こうした兵士たちは農繁期である秋には合戦に従事させることが難しく、遠征に駆り出すにも問題があった。

そこで信長は彼らを農地から切り離し、家族ともども城下町に住まわせて専業の兵士とした。こうしてつくりだされた常備軍は農業の制約から解放されて自由な機動力をもった。しかも、自身の領地を守るために独自の意思で行動するようなこともないので、上意下達の指揮系統をもつようにもなったのである。織田軍団は高い機動力によって戦機を逃さない戦いを得意としたが、その背景には信長の優れた決断力に加え、こういう構造改革の成果があったのだ。

鉄砲三段撃ち

信長が長篠《ながしの》の戦いでとったとされる新戦術。当時の鉄砲の「発射準備に時間がかかる」という欠点を、鉄砲隊を三列に分けたうえで、「一列目は発射、二列目は点火、三列目は弾込め」と順番に行わせることで、切れ目なく発射させることができたという。しかし、近年では後世の創作ではないかと考えられている。

1551～55

父死す――信長《のぶなが》の出発

父の葬儀での奇行

一五五一年（天文《てんぶん》二十）、織田信秀《おだのぶひで》が急死した。死因は不明。急死にもかかわらず後継者問題がすぐに勃発《ぼっぱつ》することはなかった。これは生前、信秀が後継者に信長を指名し、その代わりとして末森城《すえもりじょう》を、信長の弟の信行《のぶゆき》にゆずっていたからだ。

この信秀の葬儀で袴《はかま》もはかずに葬儀に現れた信長は、父の仏前に進み出ると、なんと抹香《まっこう》をつかんで投げつけた！　人々は信長の行動を非難したが、これは「四十二歳という若さでなぜ死んでしまったんだ」という、信長流の愛情表現とやり場のない八つ当たりだったのかもしれない。

家督を継いだ信長の進出

こうして信長は家督を継いだが、周囲は敵だらけだった。信秀と争っていた東の今川《いまがわ》氏はもちろんのこと、尾張《おわり》国内にも味方は少なかった。生前、信秀は清洲《きよす》・岩倉《いわくら》両織田家など国内勢力を徹底的にたたこうとしなかった。彼らは信秀を恐れていたのだが、その信秀が死ぬといっきに信長に牙《きば》をむいたのである。また、この時期には信長の守役・平手政秀《ひらてまさひで》が、信長の奇妙な振る舞いをやめさせるために抗議の自決をした、とされる。

信長は心に傷を負いながらも、まず主家・清洲織田家を倒し、飛躍の萌芽《ほうが》を見せていくことになる。

エピソード　守役の死を悼む

後年、勢力を大きく広げた信長に、ある近臣がおべっかのつもりか「殿がここまで強大になられるとも知らず政秀が自決したのは短慮でした」と言った。これに対し信長は激怒し、「わしがここまで強大になれたのは政秀の死があったからこそだ」と言ったという。

また、鷹狩《たかが》りに出かけた際にも、しばしば獲物の一片を空に投げて「政秀、これを食べろよ」などと言うことがあった、ともいう。やはり、信長にとって政秀は非常に大きな存在であったのだ。

父死す——信長の出発

父・信秀の死をうけて、信長は家督を継いだ。相変わらず奇妙なふるまいが目立ち、敵も多かったが、清洲織田家を倒すなど、次第に大器の片鱗を見せていく。

1551年、父・織田信秀が病没してしまう。

信長、弾正忠《だんじょうのじょう》織田家の家督を継承する

↓

葬式での騒動

普段よりさらに奇抜な格好で現れた信長、仏前に抹香を投げつける！

↕

弟・信行は礼儀にかなった服装で現れ、称賛される。

↓

父の死後、家臣団や織田一族が離反していくなか、信長はそれまでの「うつけ」とは思えない手腕で躍進していく。

↑ そのきっかけ？

守役の平手政秀が、信長の振る舞いを正そうと抗議の自決を遂げる。

↓

清洲織田家の家老・坂井大膳《さかいだいぜん》と対立。クーデターで城を追われた斯波《しば》氏の義銀《よしかね》をかつぎ、大膳を追いつめる。

さらに →

叔父・信光《のぶみつ》と組んで清洲城乗っ取りを完成！

直後に信光も謀殺した？

1556 道三《どうさん》死す

道三と義龍《よしたつ》の関係

美濃《みの》を支配した斎藤《さいとう》道三は、家督を嫡男の義龍に譲った。しかし二人の関係はしだいに悪化、ついに道三は義龍を排除して下の子どもたちに家督を譲ることさえ考え始める。その原因は、隠居したはずの道三が、ある程度の実権を手もとに残していたことに義龍が反発したせいだという。

また、関係悪化にはもうひとつの理由が考えられている。じつは、義龍は道三の子ではなく土岐頼芸《ときよりのり》の子だ、というのだ。信憑《しんぴょう》性の薄い俗説ではあるが、もしそうだとすると、義龍にとって道三は父の仇《かたき》となる。不仲になってもおかしくない。

信長《のぶなが》、救援に赴くも間に合わず

義龍は、自分から家督を取り上げようとしている道三に先手を打った。二人の弟を殺害し、居城・稲葉山城《いなばやまじょう》で兵を挙げたのである。これに対して道三も、隠居先だった鷺山《さぎやま》城にて立ち上がるが、長良川《ながらがわ》の戦いに敗れて討ち死にしてしまった。

じつはこのとき、信長が美濃に向かっていた。舅《しゅうと》であり、数少ない有力な後援者である道三を救おうとしたのだ。しかし信長は結局間に合わず、それどころか清洲《きよす》城を守るために急いで引き返さなければならなかった。以後、織田《おだ》氏と斎藤氏は再び対立関係に突入する。

人間関係

道三の「美濃譲状《ゆずりじょう》」

道三は義龍と長良川の戦いに挑む際、正室が産んだ末の子に遺言状を送っている。その内容は「美濃国を信長に任せるべく、譲状を与えた。美濃を信長に渡すことで、彼は援軍に来てくれる」というものであった。自分は命を落とすだろうと悟ったことから信長に後のことを任せたものと思われる。

譲状をもらいうけた信長ではあったが、実際に美濃を手に入れたのはそれから七年後。道三の息子・義龍や孫の龍興《たつおき》らと戦ってからになる。

道三死す

信長が家督を継承して間もなく、
有力な後援者であった舅・斎藤道三が息子に敗れて死んでしまう。

①道三と義龍の対立

斎藤道三は主君を追い出して美濃を乗っ取り、また尾張の織田信秀《のぶひで》・信長と同盟を結んで支配を安定化させた。ところが、美濃を手に入れた数年後に家督を譲っていた嫡男・義龍との関係が悪化してしまう。これは道三が段階的に政権移譲をしようとしたのを義龍が不満に思ったのだとも、義龍が道三の実の子ではなく、旧主君・土岐頼芸の子だったことに端を発しているのだともいうが、真偽は定かではない。

②道三、息子に敗れる

1555年になると、道三と義龍の関係はさらに悪化し、ついに道三は息子から家督を取り返し、代わって末の子供2人のいずれかを当主にしようとした。しかし、義龍は先手を打って弟たちを稲葉山城に呼び出してこれを謀殺し、さらに父をも倒すべく兵を挙げた。このころは隠居場所の鷺山城にいた道三も兵を挙げて立ち向かおうとしたがかなわず、長良川の戦いに敗れて討ち死にしてしまった。

③援軍は間に合わず

舅・道三の危機を知り、信長も自ら援軍を率いて出陣したが、結局間に合わなかった。それどころか義龍の率いる軍勢が迫り、さらに尾張では岩倉《いわくら》織田家の信安《のぶやす》が義龍と謀って清洲城を攻めようとしたため、あわてて戻ってこれと戦わなくてはいけなかった。道三は義龍と戦うにあたって、信長に美濃を譲る書状を渡したといわれるが、実際に信長が美濃を手に入れるのは、これから7年後のことになる。

1556〜58

弟・信行《のぶゆき》との戦い

稲生《いのう》の原《はら》で信行軍と衝突

順調に勢力を広げていく信長《のぶなが》の前に立ちふさがったのは、最も近い同族――同腹の弟、信行（信勝《のぶかつ》）だった。土田御前《つちだごぜん》に溺愛《できあい》された信行は、兄と違って品行方正で、信長が家督を継いだ後も重臣たちの支持を得ていた。信行自身も、信長が父の後を継いだことに、不満をもっていたようだ。

一五五六年（弘治《こうじ》二）、ついに信行が反旗を翻した。この際、なんと信長の生まれたときからの家臣である林秀貞《はやしひでさだ》までが彼を裏切っている。ところが、稲生の戦いにおいて、信長は劣勢の軍勢を率いながらも信行軍を打ち倒し、反乱を鎮圧してしまったのだ。

二度目の反乱、信行殺害

稲生の戦いののち、信行は母をともなって兄のもとへと謝罪に行き、信長は母に免じて弟を許した。ところが、信行は兄への反発を捨ててはいなかった。岩倉織田《いわくらおだ》家の信安《のぶやす》に通じ、再び謀反を企てたのだ。しかし、その計画は実現する前に露見してしまう。信行の重臣・柴田勝家《しばたかついえ》が密かに清洲城《きよすじょう》の信長のもとへ訴え出たのだ。

勝家の密告を聞いた信長は一計を案じた。そして、勝家に命じて信行をおびき寄せると、刺客に殺害させてしまったのである。こうして信長は身内における最大の敵を始末したのだった。

エピソード

勝家が信行を見限ったわけ

稲生の戦いでは信行軍の指揮をとっていた勝家が、なぜ主君を裏切ったのか。どうやらこの時期、信行は勝家を疎んじて、別の家臣を寵愛《ちょうあい》していたらしい。その人物とは津々木蔵人《つづきくらんど》――信行の男色（同性愛）の相手であった。勝家はこれを無念に思い、また前年の稲生の戦いにおいて、「うつけ」とばかり思っていた信長を見直す思いもあったのであろう。信行の謀反計画を信長に伝え、さらには信行を暗殺の場へおびき寄せる役目まで務めたのである。

弟・信行との戦い

幼少から対照的な存在であった弟との対立において、
信長は後年の活躍と冷酷さ、それぞれの片りんを垣間《かいま》見せた。

①稲生の戦い

1556 年、清洲織田家をはじめとする尾張内の敵対勢力をつぎつぎと倒していく信長の前に立ちふさがったのは、弟・織田信行だった。この際には織田家重臣のなかでもともと信行と親しかった柴田勝家だけでなく、信長が幼少のころから仕えていた林秀貞までもが信行方についた。戦力は信長軍 1000 に対し、信行軍は勝家らの率いる 1700 と大きな差があったが、信長は少数の軍勢をすばやく動かすことで、攻め寄せてきた信行の軍勢を稲生の戦いで圧倒してみせた。

②裏切られた信行

母・土田御前のとりなしをうけた信長は弟を許し、それどころか勝家や秀貞らまでも許してそのまま家臣として使った。こうした対処が功を奏したか、1558 年に岩倉織田家の信安と手を組んだ信行が再び兄を倒そうと画策すると、勝家がそれを信長に密告した。これを聞いた信長は勝家に命じて信行を清洲城に誘い込ませ、そこで斬《き》り殺させた。こうしたある種の優しさと計算高さと冷酷さは、晩年まで信長を彩る要素として繰り返し登場することになる。

1558～59

岩倉《いわくら》織田《おだ》家を倒す

織田氏の本流を倒す

織田氏本流のうちすでに清洲《きよす》織田家を倒し、岩倉織田家との対立を深める信長だったが、一五五八年（永《えい》禄《ろく》元）に好機が到来する。岩倉家で内紛が起き、次男を後継ぎにしようとした当主の信安《のぶやす》が、長男の信賢《のぶかた》と対立して城を追い出されたのだ。

信長はこの隙《すき》をつき、岩倉城へ攻め込むために出陣する。これに対して岩倉城からも兵が出て激しい戦いを演じたが、ついに城側の兵が引き揚げて籠城《ろうじょう》戦へと発展した。これに対して信長も城を包囲。二～三か月にわたる長い戦いのすえ、ついに城を攻め落とし、岩倉織田家を倒した。

尾張《おわり》統一にはほど遠い

こうして信長は尾張を「ほぼ」統一した、といわれる。しかし、実際には今川《いまがわ》氏の勢力下にある知多《ちた》郡方面や、一向一揆《いっこういっき》の勢力が強い海西《かいさい》方面といった尾張南部にはまだまだ信長の支配力が届いていなかった。信長がようやく尾張を統一するのはさらにのち、今川義元《よしもと》との過酷な戦いを勝ち抜いてのことになる。

一方で信長は、一五五九年（永禄二）の春に、将軍に謁見するために初の上洛《じょうらく》を果たしている。おそらく、尾張の大部分を制圧したことを時の将軍・足利義輝《あしかがよしてる》に報告するために京に入ったのではないかと考えられる。

エピソード

刺客に放った言葉

初の上洛の際のエピソードがある。上洛を知った斎藤義《さいとうよし》龍《たつ》が刺客を数名、信長のもとに送り込んだというのだ。

早くもそのことを知った信長は、刺客のもとへ使いをやったうえで対面する。そして、「若輩のくせに信長をねらうのは、蟷螂《とうろう》の斧《おの》というものだ。しかしながら、その志はあっぱれである。ねらい討つということが本当なら、今ここでやってみよ」と言った。信長の威光に恐れおののいた刺客は、しっぽを巻いて逃げ出したのであった。

岩倉織田家を倒す

信長は織田氏の本家筋である清洲・岩倉の両織田家を倒すことに成功するが、尾張の完全支配にはまだ時間が必要だった。

1558年、尾張分郡守護代・岩倉織田家で内紛が起きる。

当主の信安が後継ぎをめぐって長男・信賢と対立し、追放されてしまう

↓

信長、隙をついて岩倉城へ攻め込む！

↓

城の北方・浮野《うきの》の戦いで信長が激戦のすえに勝利

↓

数か月の岩倉城包囲戦を経て、信賢が降伏。

結果として ↓

尾張をほぼ統一する！

間もなく、尾張守・斯波《しば》義銀《よしかね》も追放してしまう。

↑ **ただし……**

今川氏に尾張南部の城を奪われるなど、まだまだ完全な統一には遠い。

ほぼ同時期？ ↑

信長、時の室町幕府将軍・足利義輝に謁見するため、初めての上洛を果たす。

清洲・岩倉の両織田家を倒したことの報告をするための上洛？

毛利良勝《もうりよしかつ》◉

生没 ?～1582（天正10）
別名 新助、新介、新左衛門
官職 不明

桶狭間《おけはざま》の戦いで今川義元《いまがわよしもと》の本陣に突撃し、その首を討ち取ったことで知られる人物。その後も信長《のぶなが》の甲斐《かい》国および信濃《しなの》国侵攻に加わっていた。本能寺《ほんのうじ》の変では織田信忠《のぶただ》に従って、二条御所《にじょうごしょ》にて討ち死にする。毛利新介《しんすけ》の通称のほうが広く知られている。

不明

ヤスケ◉

生没 不明
別名 弥助
官職 不明

織田信長の従者とされる黒人男性。イエズス会の宣教師アレッサンドロ・ヴァリニャーノに連れられて信長に面会したと伝えられる。本能寺の変では異変を二条御所に知らせ、そこで奮戦したが、明智光秀《あけちみつひで》に捕らえられる。光秀に殺されることはなかったとされるが、以降の消息は不明。

堀秀政《ほりひでまさ》◉

生没 1553（天文22）～1590（天正18）
別名 菊千代、久太郎、左衛門督
官職 侍従

多才なことから「名人久太郎《めいじんきゅうたろう》」の異名をとった武将。信長のもとで奉行《ぶぎょう》として山城国《やましろ》や近江国《おうみ》の検地《けんち》・人足徴発にあたる一方、朝倉《あさくら》氏やキリスト教宣教師に対する使者を務め、伊賀《いが》攻めや中国《ちゅうごく》攻めにも従軍。本能寺の変の後は羽柴《はしば》秀吉《ひでよし》とともに明智光秀を討つ。戦《いくさ》上手でも知られ、小牧《こまき》・長《なが》久手《くて》の戦いでは徳川家康《とくがわいえやす》の背後をつく別働隊に参加、徳川軍に見破られて逆襲されながら、さらにこれを討ち破った。

蒲生氏郷《がもううじさと》◉

生没 1556（弘治2）～1595（文禄4）
別名 鶴千代、忠三郎賦秀、教秀、レオン、松坂少将
官職 飛騨守、侍従、左近衛権少将、参議

近江《おうみ》国の日野《ひの》城主・蒲生賢秀《かたひで》の第一子。賢秀が織田信長に降伏した際、人質として信長のもとに送られる。元服後、信長の娘を妻とし、以降は信長の臣下として各地を転戦する。本能寺の変の際、父・賢秀が安土《あづち》城の留守居《るすい》を命じられていたことから、信長の家族を自身のいた日野城に保護している。その後は羽柴秀吉と結び、所領を拡大させていった。茶道にも通じ、利休七哲《りきゅうしちてつ》のひとりに数えられる。

ミニ知識

同時代人が見た信長《のぶなが》

先見性の塊、旧時代の破壊者、最も有名な戦国大名、戦国時代を終わらせた男、あるいは残酷な独裁者、そして魔王。私たちは信長という男にさまざまなイメージをもっているが、これらの多くは後世に創作された逸話やフィクションに影響された部分が大きく、信長という男を完全にとらえ切れているとは言いがたい。

では、信長と同じ時代に生きた人々は、彼をどのようにとらえていたのだろうか？

若き日の信長には奇行が目立ち、人々がそれを「大うつけ」と称したのはすでに述べたとおりだ。ところが、その奇行の代表格といえる父・信秀《のぶひで》の墓前に抹香《まっこう》を投げつけた事件の際、居合わせたとある僧侶が「この人こそかならず国郡をもつべき人だ」と称した、という。ほんとうならたいへんな先見性だが、少々つくり話くさい。

舅《しゅうと》・斎藤道三《さいとうどうさん》は、うつけの姿と貴公子の姿を使い分けて見せた信長の振る舞いにいたく感心したが、もうひとり信長を高く評価した戦国大名がいる。甲斐《かい》の武田信玄《たけだしんげん》だ。

あるとき、信長が嫡男・信忠《のぶただ》と信玄の娘との婚姻を求めたことがあった。武田氏の諸将が反対するなか、信玄は「信長は定期的にたいへん気配りのきいた連絡を送ってくる男だ。人間がほんとうのことを言っているかいないかは連絡の方法でわかるもので、信長がこちらと縁を結びたいと言っているのはほんとうだろう」と、この婚姻を認めたという。短気なイメージのある信長が、じつは心配りのできる男だと、信玄は認めていたのである。

また、信長と足利義昭《あしかがよしあき》が対立するに至り、信長が義昭を「あしき御所《ごしょ》（将軍）」などと責めた内容の十七か条の意見書を出すと、これを見た信玄は「ただものではない」と感嘆したという。

ただ、信長に与えられたのはよい評価ばかりではない。信長の後継者となった豊臣《とよとみ》秀吉《ひでよし》は、後年になって「信長公は勇将ではあったが、名将とは言えなかった」とし、敵対者を容赦なく殺戮《さつりく》したため「器が小さい」「衆人から愛されることはない」とまで言っている。これなどは「自分は違う」という自慢が入っているようにも思えるが、信長という男の一側面をとらえているのは間違いないだろう。

そして、信長の人間性評価としては、ルイス・フロイスの『日本史《にほんし》』にとどめをさす。そのなかでフロイスは、信長が家臣の意見にほとんど耳を貸さず、独断的に物事を決め、他者に対して傲慢《ごうまん》に振る舞い、周囲の人々が絶対服従したことを何度も強調する。

しかし、ときには人情味や慈愛を示したこと、身分の低い相手とも親しく話したこと、なども記している。

やはり日本史上に残る英雄たるもの、単純に推し量れるような人間ではないということか。

3章

飛躍期「上洛を目ざす」

信長にとって大きな契機となったのが、東の大大名・今川義元の侵攻だった。桶狭間の戦いで奇跡的な勝利をあげた信長は、尾張を統一し、美濃を攻め取って、ついには念願の上洛を果たして足利義昭を将軍にする。ここから信長の野望――「天下布武」が急速に動き出していくのだ。

～1560

今川義元《いまがわよしもと》による圧迫

義元をめぐる事情

駿河《するが》の今川義元は駿河・遠江《とおとうみ》・三《み》河《かわ》の三か国を支配した大大名であった。今川氏は吉良《きら》氏の分家で、「足利《あしかが》将軍家が絶えたら吉良氏が、吉良氏が絶えたら今川氏が継ぐ」といわれたほどの名門であった。

もとは敵対関係だった甲斐《かい》の武田《たけだ》信虎《のぶとら》の娘をめとったことで、同盟を結んでいた相模《さがみ》の北条《ほうじょう》氏と対立してしまったが、武田・北条と三国同盟を結ぶことでこれを解決していた。

一方、三河の支配権をめぐっては織田信秀《おだのぶひで》の代から織田氏と争い続けており、松平《まつだいら》氏を支配下においたこともあって義元が優勢であった。

桶狭間《おけはざま》の戦いにつながる前段階

一五五九年（永禄《えいろく》二）の岩倉城《いわくらじょう》攻略により、信長《のぶなが》は尾張《おわり》の大半を支配していた。しかし、尾張南部に位置する大高《おおたか》・鳴海《なるみ》・沓掛《くつかけ》の三城は、信長に反乱を起こした山口教継《やまぐちのりつぐ》のせいで義元の手に落ちていた。これは義元の陰謀であり、教継は義元に殺されてしまっている。

そこで信長は、大高城と鳴海城の周りにいくつもの砦《とりで》を築き、それぞれの砦に武将たちを配置して、二つの城を取り戻そうと試みた。これが義元を刺激し、三国同盟で背後の脅威が消えていたこともあって、義元の侵攻へつながることとなる。

歴史の真実 義元は軟弱大名か？

義元は公家的《くげ》な趣味に傾倒したことや、大軍を率いながら信長に敗れたことから、後年に「お歯黒大名」などと揶揄《やゆ》されることが多い人物だ。

しかし、実際の義元はそんな軟弱な人物ではなかった。たとえば、東海道地域で一番の武将という意味の「東海一の弓取り」として有名なのは徳川家康《とくがわいえやす》だが、じつはもともと義元こそがその異名をもっていたのである。義元は優れた軍事的手腕と政治的な気配りを併せもち、ある意味で最も天下人に近い男だったのだ。

今川義元による圧迫

織田信秀の代から対立を繰り返してきた東海の雄・今川義元が、三国同盟で背後の憂いを断ち、いよいよ尾張に迫る。

①義元の三河・尾張進出

駿河を本拠地とする名門・今川氏を継いだ義元は、父の代に支配した遠江に加え、さらに三河へ手を伸ばしていた。織田信秀を打ち破り、松平氏を屈服させて、三河をほぼ支配下においた。さらにその手は尾張へ伸び、鳴海城主・山口教継を裏切らせ、近くの沓掛・大高の２つの城を合わせて手に入れたあげくに教継を殺し、尾張に足がかりを築いた。

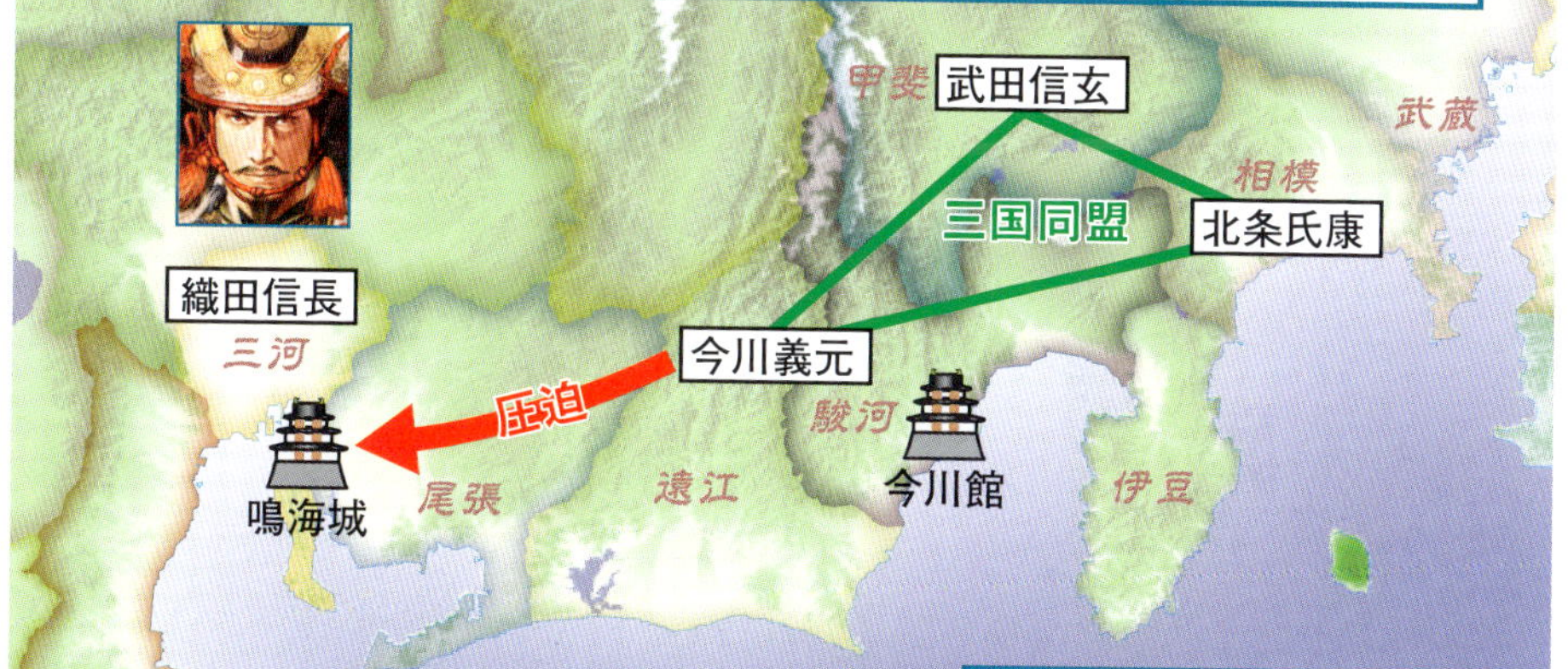

②甲相駿三国同盟

今川氏と相模・武蔵《むさし》を支配する北条氏はもともと親密だったが、その北条氏と対立する甲斐の武田氏と婚姻関係を結んだことで、一時対立することになった。しかし、３大名それぞれが別方面の進出を目ざしていたことから、1554年に義元・武田信玄《しんげん》・北条氏康《うじやす》により甲相駿三国同盟が結ばれた。以後、義元は精力的に西へ向かって勢力を拡大していくことになる。

③そして桶狭間《おけはざま》の戦いへ

清洲《きよす》・岩倉《いわくら》の両織田家を倒して尾張をほぼ統一といっていい状況とした信長だったが、南部には今川氏が支配する鳴海・大高・沓掛の３城があり、ほかにも完全には服従していない国人《こくじん》がいるなど、問題が残っていた。そこで信長は鳴海・大高の２城の周囲にいくつも砦を築いてこれらを奪い返そうと試みるが、この敵対行動は義元による大規模な尾張侵攻を招くことになる。

1560

桶狭間《おけはざま》の戦い

信長《のぶなが》の迷いと決断

今川義元《いまがわよしもと》は、動員できる最大規模の兵力で尾張《おわり》へと進軍した。その数、二万～二万五〇〇〇。これに対し織《お》田《だ》軍は総勢でも五〇〇〇程度といい、しかも信長は軍議を開いても善後策を練るどころか、合戦の話題にも触れずに世間話ばかりしていた。これを家臣たちは「運の末には知恵の鏡も曇る」と嘆いたが、じつは信長は好機を待っていたのだ。

そんななか、今川軍が丸根《まるね》・鷲津《わしづ》の両砦《とりで》に攻撃を開始したとの情報が入る。信長はついに出陣し、善照寺《ぜんしょうじ》砦に着陣したが、信長の本隊は多くて一五〇〇といったところだった。

迂回《うかい》奇襲か、正面攻撃か

一方、沓掛城《くつかけじょう》を出発した義元は、桶狭間に到着した。五〇〇〇と推定される本隊が布陣し、義元は休息した。

信長は最前線である中島《なかじま》砦に進むと、続いて今川前衛軍に向けて攻撃に移るよう指示した。このときに信長のしかけた攻撃については「迂回奇襲」か「正面攻撃」かで長く論議が繰り返されているが、現在は「前衛軍に真正面から突撃した」という説が有力である。

どちらにせよ、織田軍の突撃の前に今川軍は崩れた。義元も信長の家臣・毛利良勝《もうりよしかつ》によって討ち取られ、信長は貴重な勝利を拾ったのである。

豆知識

信長が舞った「敦盛《あつもり》」とは

信長が桶狭間の戦いの直前に舞ったことで知られる「敦盛」は、幸若舞《こうわかまい》の演目のひとつで、平家《へいけ》一門の興亡を描いた「平家物語《へいけものがたり》」の伝承をもとにしている。題名の通り十六歳で戦死した平敦盛《たいらのあつもり》の最期が描かれており、それは以下のようなものだ。

一ノ谷《いちのたに》の戦《いくさ》で平敦盛が海上に逃れようとしたところ、敵軍の熊谷直実《くまがいなおざね》によび止められ、引き返して戦うものの敗れて討ち死にした。

ただ、信長はこの敦盛の一節を好んだだけだともいう。

桶狭間の戦い

未曾有《みぞう》の大軍で迫る今川義元に対して、信長は好機を見計らって
攻撃をしかけることで、大勝利を得ることになった。

②信長の決断

義元の大軍に対し、信長は当初なんらの対策をとろうとしなかった。しかし、丸根・鷲津の両砦が今川軍別働隊の攻撃を受けたという一報を聞くや単騎で出陣、わずかなお供だけがこれに続いた。熱田《あつた》神宮を経由して鳴海《なるみ》城を望む善照寺砦に入った信長は、ここで後続の兵を待ったが、それでも集まった軍勢は1000～2000にすぎなかったようだ。

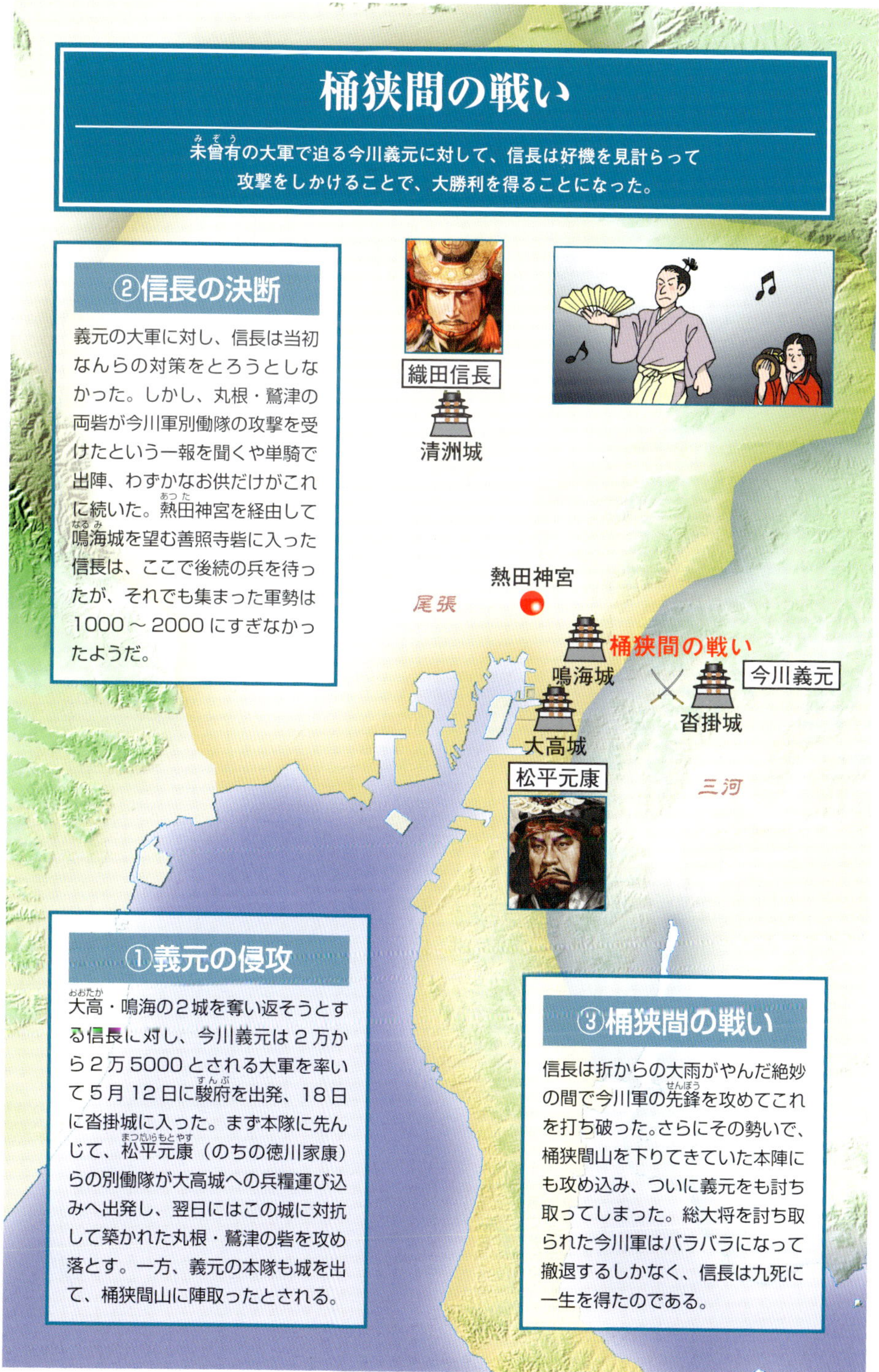

①義元の侵攻

大高《おおたか》・鳴海の2城を奪い返そうとする信長に対し、今川義元は2万から2万5000とされる大軍を率いて5月12日に駿府《すんぷ》を出発、18日に沓掛城に入った。まず本隊に先んじて、松平元康《まつだいらもとやす》（のちの徳川家康）らの別働隊が大高城への兵糧運び込みへ出発し、翌日にはこの城に対抗して築かれた丸根・鷲津の砦を攻め落とす。一方、義元の本隊も城を出て、桶狭間山に陣取ったとされる。

③桶狭間の戦い

信長は折からの大雨がやんだ絶妙の間で今川軍の先鋒《せんぽう》を攻めてこれを打ち破った。さらにその勢いで、桶狭間山を下りてきていた本陣にも攻め込み、ついに義元をも討ち取ってしまった。総大将を討ち取られた今川軍はバラバラになって撤退するしかなく、信長は九死に一生を得たのである。

美濃国

河尻秀隆《かわじりひでたか》

生没 1527（大永7）〜1582（天正10）
別名 与兵衛、重遠、重吉、鎮吉
官職 肥前守

甲州《こうしゅう》攻めに際して滝川一益とともに織田信忠《のぶただ》の目付役を任じられ、信長《のぶなが》の指示を受けて全軍の監督も担う。武功により甲斐《かい》国と信濃《しなの》国の一部を所領とするが、信長が倒れた後、武田氏旧臣の一揆《いっき》によって殺害される。信長の弟・信《のぶ》行《ゆき》を手にかけた人物とも伝えられる。

尾張国

津田盛月《つだもりつき》

生没 ?〜1593（文禄2）
別名 織田左馬允、四郎左衛門、隼人正、信重、信勝、中川盛月、外峯四郎左衛門尉
官職 不明

兄・中川重政《なかがわしげまさ》とともに古くから信長に仕え、足利義昭《あしかがよしあき》を護衛して三好《みよし》三人衆らと戦う。所領争いで柴田勝家《しばたかついえ》の代官を斬《き》り、兄ともども改易《かいえき》。その後、名前を変えて羽柴秀吉《はしばひでよし》に仕えた。このことが信長に知られ、切腹を命じられかけたところ、本能寺《ほんのうじ》の変で命拾いしたともいわれる。

滝川一益《たきがわかずます》◉

生没 1525（大永5）～1586（天正14）
別名 彦右衛門、入庵、不干
官職 左近将監、伊予守

鉄砲の達人としても知られる武将。甲州攻めでは総大将である信長《のぶなが》の長子・信忠《のぶただ》の補佐役をつとめ、武田《たけだ》氏の滅亡後は厩橋《うまやばし》城主として関東方面の平定を任せられる。本能寺の変の後、北条《ほうじょう》氏に敗れて伊勢《いせ》に帰国。柴田勝家らと結んで羽柴秀吉に対抗するも、これにも敗れ、所領を差し出して降伏する。その後、小牧《こまき》・長久手《ながくて》の戦いで敗れて出家する。出自がはっきりとせず、甲賀《こうが》出身の忍者とする説もある。

佐々成政《さっさなりまさ》◉

生没 1539（天文8）?～1588（天正16）
別名 与左衛門、内蔵助
官職 陸奥守侍従

朝倉《あさくら》氏討伐や越前一向一揆《えちぜんいっこういっき》との戦いで活躍し、越中《えっちゅう》国府《ふ》中《ちゅう》を与えられ、のちには越中国の富山《とやま》城の城主にもなる。本能寺の変の後、織田信雄《のぶかつ》らとともに羽柴秀吉に対抗する。このとき、徳川家康《とくがわいえやす》の助力を求め、真冬の立山《たてやま》ザラ峠《とうげ》を自ら行軍して越え、家康のもとへ向かっている。最後まで秀吉に屈することをよしとせずに抵抗を続け、最終的には秀吉から切腹を命じられた。

1562〜67

徳川《とくがわ》・浅井《あざい》との同盟

徳川との同盟

桶狭間《おけはざま》の戦いで信長《のぶなが》が今川義元《いまがわよしもと》を倒すと、三河《みかわ》への今川氏の影響力は衰退し、代わって松平元康《まつだいらもとやす》が台頭するようになった。彼は今川氏より独立し、義元からもらった名を捨てて徳川家康《とくがわいえやす》と名のると、三河の統一に乗りだしていく。

この家康の存在は信長にとっても脅威だった。そこで彼を清洲城《きよすじょう》に招き、同盟を結んだ。これを清洲同盟という。早くから上洛《じょうらく》を意識していた信長は、苦労して家康を倒すよりも、同盟して東側を安全にしたほうがいいと判断したらしい。この同盟関係は信長の死まで続くことになる。

浅井との同盟

もうひとつ、近江《おうみ》の浅井氏との同盟が成立するのはもうしばらくのち、信長が美濃《みの》を攻め取ってからのことだ。じつはそれ以前から、足利義昭《あしかがよしあき》を盛りたてる協力者を探していた和《わ》田惟政《だこれまさ》が、その一環として織田・浅井同盟の締結《ていけつ》を持ちかけていたが、この時期の信長は美濃攻めに苦心していたため、実現しなかったのである。

しかし、信長が美濃を支配下におくと、浅井長政《ながまさ》から同盟が申し込まれ、信長もこれを承諾。一五六七年（永禄《えいろく》十）ごろになって、信長の妹・お市《いち》と長政の婚姻が決まり、同時に同盟も成立したのである。

エピソード

信長は西へ、家康は東へ……

清洲同盟が結ばれるにあたって、信長は「そなたが三河から東を、それがしが尾張《おわり》から西を攻め取れば、天下を手に入れることができる」としたうえで、さらに「どちらかが先に天下を取ったら、そうでないほうは相手に従おう」と言ったという。

ほんとうにこんな話があったかどうかは少々疑わしいが、その後の両者の関係はこのとおりになった。家康は信長にとって東の盾になり、また天下を取った信長にとって事実上の配下のようになったのである。

徳川・浅井との同盟

信長は尾張の統一や美濃への進出を図る一方で、
周辺の大名ともよしみを通じ、新たな展開への布石とした。

②織田・浅井同盟

1867年ころ、織田信長の妹・お市と、近江国小谷《おだに》城の浅井長政が婚姻を結び、織田・浅井同盟が締結される。これはもともと2年ほど前に近江の豪族・和田惟政が画策したものであったが、この際には話が流れている。しかし信長が美濃を奪い取ると、隣国の有力大名となった信長に対して、長政のほうから関係を求めて新たに話がもちこまれ、この婚姻と同盟が成立したのである。もちろん、信長としても、上洛を目ざすに当たってはその通り道である近江に味方を増やすことは絶対に必要だったろう。

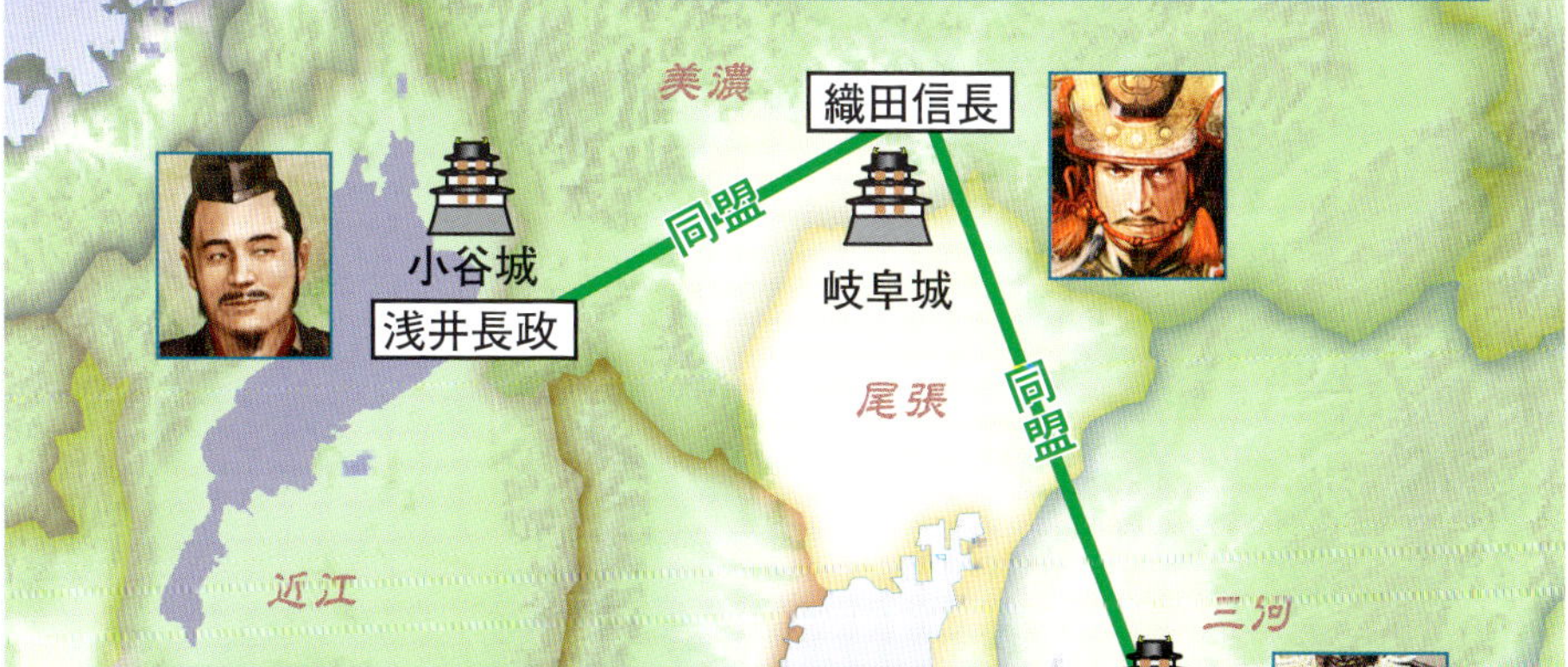

①清洲同盟

桶狭間の戦いで今川義元が討ち死にすると、松平元康（徳川家康）は松平氏代々の居城である岡崎《おかざき》城に入り、西三河の統一に着手した。それでもしばらくは今川配下であり続けたが、1861年には信長と和睦《わぼく》。さらにその翌年には自ら清洲城に赴き、いわゆる清洲同盟を結んだ。信長としては美濃攻略のために、また西へ進んで上洛するために、東側の安全を確保することが必要だったわけだ。

1560～67

美濃《みの》国盗《と》り

まずは尾張《おわり》統一から

今川義元《いまがわよしもと》の脅威を退けた信長《のぶなが》は、続いて宿敵・斎藤《さいとう》氏――義龍《よしたつ》は急死し、後を幼い龍興《たつおき》が継いだが、基盤は磐《ばん》石《じゃく》だった――に目を向けた。しかし、犬山城《いぬやまじょう》の織田信清《おだのぶきよ》が斎藤氏と通じて信長に牙《きば》をむいたため、まずはこれを倒して尾張を統一しなければならなかった。そこで信長は小牧山《こまきやま》に新しい城を築くと、ここを拠点に犬山城を攻め、信清を倒した。

さらに信長は斎藤氏の基盤を揺るがすために、中美濃・東美濃の国人《こくじん》衆《しゅう》を切り崩していった。これが功を奏し、龍興の勢力は西美濃に追い込まれていった。

美濃の切り崩し

信長の美濃政略は、稲葉山《いなばやま》城の落城が終着点となった。一五六七年（永《えい》禄《ろく》十）、美濃三人衆とよばれる斎藤氏の重臣たちが信長に内通してきた。斎藤氏を支え続けてきた三人が、ついに主《あるじ》を見限ったのだ。

信長はすぐさま稲葉山城に向けて出陣、城下を焼き払って攻撃態勢を整えた。これに抗《あらが》いきれないと見た龍興は逃げ出してしまい、ついに信長は美濃を手に入れたのである。以後、信長は稲葉山城を岐阜《ぎふ》城と名づけ、「天下布武《てんかふぶ》」の印判を使うようになり、その戦略を新たな展開へと進めていくことになる。

人間関係

沢彦宗恩《たくげんそうおん》と信長

岐阜や天下布武といったことばを信長に提案したのが、沢彦宗恩という僧侶《そうりょ》である。この人物は信長の幼少期からの学問の師であり、読み書きから一般教養の類《たぐい》まで、さまざまなことを教えたようだ。

また、彼は「信長」という名前の名づけ親でもある。その由来は信長ということばが反切《はんせつ》（二つの漢字で音を示す）で桑《くわ》を意味し、これがそもそもめでたいことばで、しかも日本の旧名である扶桑《ふそう》にも通じる、というものであったらしい。

美濃国盗り

信長と斎藤氏の戦いは長きにわたって続いたが、
最後にはじっくりと美濃の切り崩しを図った信長が勝利した。

③「天下布武」を目ざして

信長は居城を稲葉山城に移し、さらにふもとの井ノ口《いのくち》の町と合わせて古くからあった「岐阜」へと地名を改めた。これは、信長の学問の師である沢彦宗恩が、古代中国の故事にならって考えた「岐山、岐陽、岐阜」から信長が選んだという。さらに信長は沢彦が選んだ「天下布武」の印を使うようになり、このころから「天下盗り」というものを強烈に意識しだしたのではないかと考えられている。

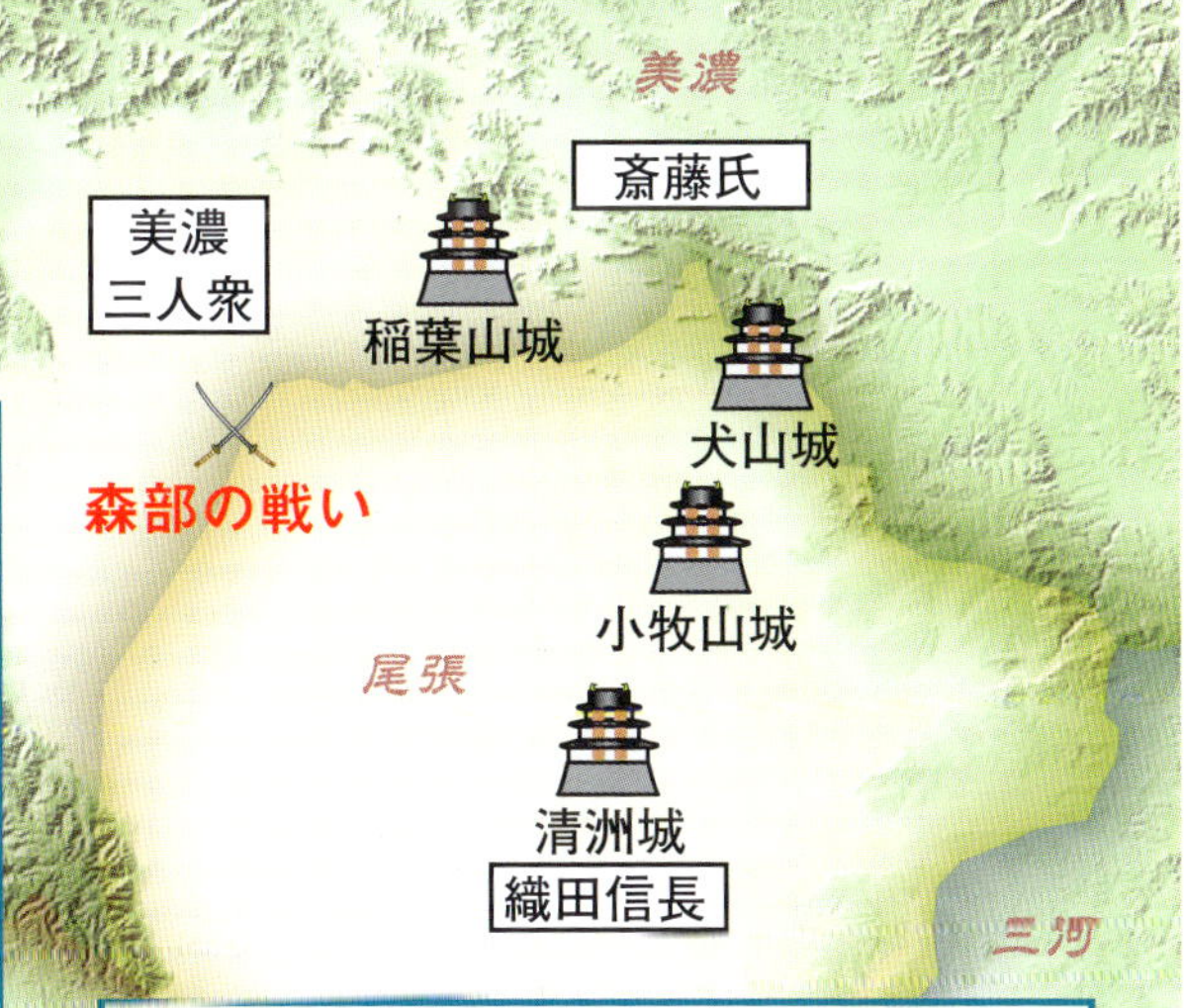

②美濃切り崩し

信長は小牧山城を新たに築いてそこを根拠地に美濃をねらいつつも、まずは信清を倒して尾張をきちんと統一しなければならなかった。これが完了した時期については諸説あるが、1565年と考えるのが有力であるようだ。信長は続いて東美濃、中美濃と攻略して龍興を追いつめ、さらには残された西美濃の有力者である美濃三人衆（稲葉一鉄《いなばいってつ》、安藤守《あんどうもり》就《なり》、氏家卜全《うじいえぼくぜん》）の3人を裏切らせた。こうした周到な準備のすえに信長は龍興のこもる稲葉山城を攻め落とし、美濃を奪い取った。これが1567年のことだ。

①義龍の死と信長の方針

今川義元の脅威を退けた信長の目は、続いて美濃へ向かう。しかし、斎藤義龍が父・道三譲りの才覚で信長の前に立ちふさがっていた。彼の謀略によって信長の兄の信《のぶ》広《ひろ》が清洲城の乗っ取りをたくらんだり、従兄弟《いとこ》で犬山城主の信清が裏切ったりして、信長は大いに苦しめられた。ところが1561年に義龍が病死し、代わって幼い龍興が跡を継ぐという好機が訪れる。そこで信長は美濃へ出陣し、森部《もりべ》の戦いで斎藤軍を大いに破ったが、一気に攻め滅ぼすことはできなかった。

1567〜69

伊《い》勢《せ》方面への進出

伊勢北部・中部への進出

信長《のぶなが》の勢力範囲はさらに広がる。次に信長が進攻を企てたのは、尾張《おわり》に隣接する伊勢だった。当時の伊勢は三地域に分けることができ、信長はまず尾張に最も近い北部から、段階的に制圧していくことにした。

一五六七年（永禄《えいろく》十）、信長は桑名《くわな》近辺に攻め込み、楠城《くすじょう》や高岡城《たかおかじょう》を攻撃して引き上げた。そして翌年、再び出陣すると、今度は中部の長野《ながの》氏・神戸《かんべ》氏・関《せき》氏をターゲットにした。信長は彼らの城を取り囲んで圧力をかけたうえで自身の三男を含む近親者を養子として送り出し、織田《おだ》側に取り込むことに成功した。

南部への進出

南部の北畠《きたばたけ》氏を攻める機会をうかがっていた信長は、上洛《じょうらく》後の一五六九年（永禄十二）に動いた。北畠氏前当主・具教《とものり》の実の弟である木造具政《こづくりともまさ》が、信長に内通してきたのだ。これを機に、信長は伊勢に出陣すると、具教の大河内城《おおこうちじょう》を包囲した。

長期に及んだ籠城《ろうじょう》戦は、講和という形で終結を見る。講和の条件は二つだった。ひとつは大河内城を信長に明け渡し、具教親子が別の城へと移ること。もうひとつは、信長の次男である茶筅丸《ちゃせんまる》（のちの信雄《のぶかつ》）が北畠氏の養子となることだった。こうして、信長は伊勢の攻略に成功した。

豆知識　その後の斎藤龍興《さいとうたつおき》

信長がこの時期に伊勢に進出したのは、美濃《みの》を追われた斎藤龍興を追っての行動だとも考えられている。伊勢長島《ながしま》に逃れた龍興は、さらに逃れるように三好《みよし》三人衆を頼って摂津《せっつ》へ向かい、一向一揆《いっこういっき》とも連絡をとって反信長戦線をつくる。しかし、やがて近江《おうみ》の浅井《あざい》氏を経て、越前《えちぜん》の朝倉義景《あさくらよしかげ》を頼るに至った。そして一五七三年（天正《てんしょう》元）に朝倉氏が信長に滅ぼされた際に、これに先立つ越前の刀禰坂《とねざか》合戦で敗死し、朝倉氏と運命をともにしたのである。

伊勢方面への進出

尾張・美濃に隣接する伊勢は北部・中部・南部に分かれていた。
信長は中央への進出をにらみつつ、この地を段階的に制圧していく。

①北部の国人衆《こくじんしゅう》

信長の伊勢制圧は、美濃攻めが最終段階に入っていたと思われる1567年の春より始まっている。最初の標的となったのは北部で、ここには有力な勢力がほとんどおらず、弱小の国人たちが群雄割拠を繰り返していたようだ。信長はまず滝川一益《たきがわかずます》を派遣し、さらに夏には自らも出陣してこの地を押さえている。またこの時期、伊勢には美濃《みの》を追われた斎藤龍興がいたので、それを追っての行動でもあったのでは、とも考えられている。

②中部の有力者たち

翌1568年には伊勢中部へ出陣した。北部と違ってこの地域には長野・神戸・関といった有力な国人がいた。そこで信長は彼らの城を取り囲んで武力的な脅しをかけつつ外交的な圧迫を行い、長野氏には弟の信包《のぶかね》を、神戸氏には息子の信孝《のぶたか》を養子として送り込んだ（関氏は神戸氏の一族に当たる）。彼らは南部の伊勢氏や近江《おうみ》の六角《ろっかく》氏とのつながりによって大きな力をもっていたのだが、信長は養子政策によってそれを断ち、織田側に取り込んでしまったのだ。

③南部の北畠氏

伊勢南部への進出は足利義昭《あしかがよしあき》を擁立しての上洛後、1569年のことになった。この地域では伊勢国司《こくし》・北畠氏が戦国大名化して大きな勢力を誇っていた。信長は当主・具教の弟にあたる木造具政が内通してきたことを機に攻め込み、長い籠城戦のすえに「城を退去し、代わって信長の子・信雄が養子として入る」という条件で決着をつけた。

解説2

信長《のぶなが》の政策②経済

楽市《らくいち》・楽座《らくざ》

中世、市場には税がかかったり、商売ができる者に制限があった。また、「座《ざ》」とよばれる同業者組合（ギルド）が、大名や寺社などの保護によって、商売上の特権を振りかざしていた。これらを排除して経済を発展させようとしたのが、いわゆる楽市・楽座政策である。

信長の政策のなかでも代表的なものととらえられているが、じつは信長以前から近江《おうみ》の六角《ろっかく》氏をはじめとする幾人かの戦国大名が同種の政策を実行している。また、信長は場合によっては各地で座を認めた、という記録が残っている。これは既存の豪商たちを保護して財源として活用しようという意図だったと思われる。

撰銭令《えりぜにれい》

当時の貨幣は、中国より輸入された各時代のものに、古代日本で作られたものがごちゃ混ぜになっており、なかには私的に作られた粗悪な貨幣まであった。人々はそうした悪銭を嫌ってより分け（撰銭《えりぜに》）ようとしたが、これは経済の妨げになったため、信長をはじめ多くの大名がこれを禁じる撰銭令を出した。

商業都市の支配

信長は、流通の要所に位置する商業都市の富を押さえることによって莫大《ばくだい》な財力を得た。有名なのが堺《さかい》掌握の経緯だ。当時の堺は会合衆《えごうしゅう》とよばれる商人たちによって自治が行われていた。信長は足利義昭《あしかがよしあき》よりこの地に代官をおく権利をもらい、さらに二万貫という莫大な矢銭《やぜに》（軍資金）を要求したが、商人たちは支払いを拒否した。しかし信長は軍事力を背景に脅しをかけ、この商業都市を支配したのだ。

関所の撤去

戦国時代、街道の要所には武家や寺社などの諸勢力によって関所が築かれ、通行料を徴収していた。これが流通を阻害すると考えた信長は、あえて各地の関所を撤廃し、通行料収入をあきらめるかわりに経済を活発化させることによって税収全体を底上げした。

また、信長は道路の整備にも熱心であったが、それも関所の撤去と同じ目的に沿ったものだったろう。

信長と銀山

信長は但馬《たじま》の生野《いくの》銀山を掌握すると、代官として生熊太兵衛《いくまたへえ》という人物を送り込み、生野銀山の生産力強化に取り組ませた。

そして見いだされたのが「灰吹き法」だ。この方法ではまず、金もしくは銀の鉱石に鉛を混ぜて炭火で吹きたて、熱で溶かす。やがて金銀と鉛の合金ができるので、一度冷やしてから灰の入った鍋《なべ》に入れてさらに熱すると、鉛が灰に溶け込んで金もしくは銀が残るのだ。

この手法は石見《いわみ》銀山でのみ行われていた秘密の方法で、もとは海外から伝来した技術だったらしい。太兵衛あるいは信長がどこからそれを知ったのかはわからないが、これを実用化させた信長は秘密にせずに各地の銀山へ広め、日本全体の銀産出量を大きく高めた、という。

1565〜68

足利義昭《あしかがよしあき》との接触

義輝《よしてる》の死、義昭の脱出

室町《むろまち》幕府第十三代将軍・足利《あしかが》義輝は、将軍親政を目ざして優れた政治的手腕を発揮した人物だったが、それに反発した松永久秀《まつながひさひで》と三好《みよし》三人衆によって白昼堂々襲撃され、奮戦したものの討ち死にしてしまう。

久秀らは当初、次の将軍を立てる気はなかったため、義輝の二人の兄弟のうち、奈良興福寺《こうふくじ》の一乗院《いちじょういん》で住職をしていた次男の覚慶《かくけい》（のちの義昭）は幽閉され、三男は殺されてしまった。一乗院に幽閉された覚慶もいずれは殺されるはずだったが、義輝の侍従《じじゅう》だった細川藤孝《ほそかわふじたか》の協力を受けて脱出する。

各地を放浪する義昭

覚慶は近江《おうみ》へ逃れ、還俗《げんぞく》して名を義秋《よしあき》と改めた。観音寺《かんのんじ》城主の六角《ろっかく》氏に協力を依頼するも、三好三人衆と通じて義秋を排除しようとしたため、親族関係を頼って若狭《わかさ》の武田義統《たけだよしずみ》のもとに向かう。ところが彼も当てにならぬと感じると、さらに越前《えちぜん》の朝倉義景《あさくらよしかげ》のもとへ逃れて名を義昭に改める。しかし義景は加賀《かが》一向一揆《いっこういっき》と内紛で軍事力がそがれており、上洛《じょうらく》しようという強い意志もなかったため、義昭は焦りを募らせていた。

それでも将軍になりたい義昭は、明智光秀《あけちみつひで》の仲介で、ある大名と接触した。それが信長《のぶなが》だったのだ。

エピソード

諸大名への救援要請

覚慶は六角氏に救援を願ったのと同じ時期に、越後《えちご》の上杉謙信《うえすぎけんしん》にも救援要請を送っている。これを手始めに、甲斐《かい》の武田信玄《たけだしんげん》、肥後人吉《ひごひとよし》の相良《さがら》義陽《よしはる》、薩摩《さつま》の島津貴久《しまづたかひさ》・義久《よしひさ》父子らに、相次いで出兵をよびかけた。

なかでも覚慶が最も頼りにしたのが謙信で、何度も書状を送っている。しかし謙信は国内の反乱に手を焼いている真っただ中で、助けてやりたい気持ちはあっても、簡単に動くわけにはいかなかったようだ。

足利義昭との接触

捲土重来《けんどじゅうらい》を狙《ねら》う将軍の弟・義昭は諸大名に援助を求めたがうまくいかなかった。
そこに信長が目をつけることとなる。

室町幕府将軍・足利義輝と松永久秀 & 三好三人衆が対立。

↓ その結果

二条御所《にじょうごしょ》で義輝が殺害される！

↓

義輝の弟・覚慶、細川藤孝らの助けで幽閉先の興福寺を脱出し、義秋（のちに「義昭」）を名のって幕府再興を目ざす。

↓

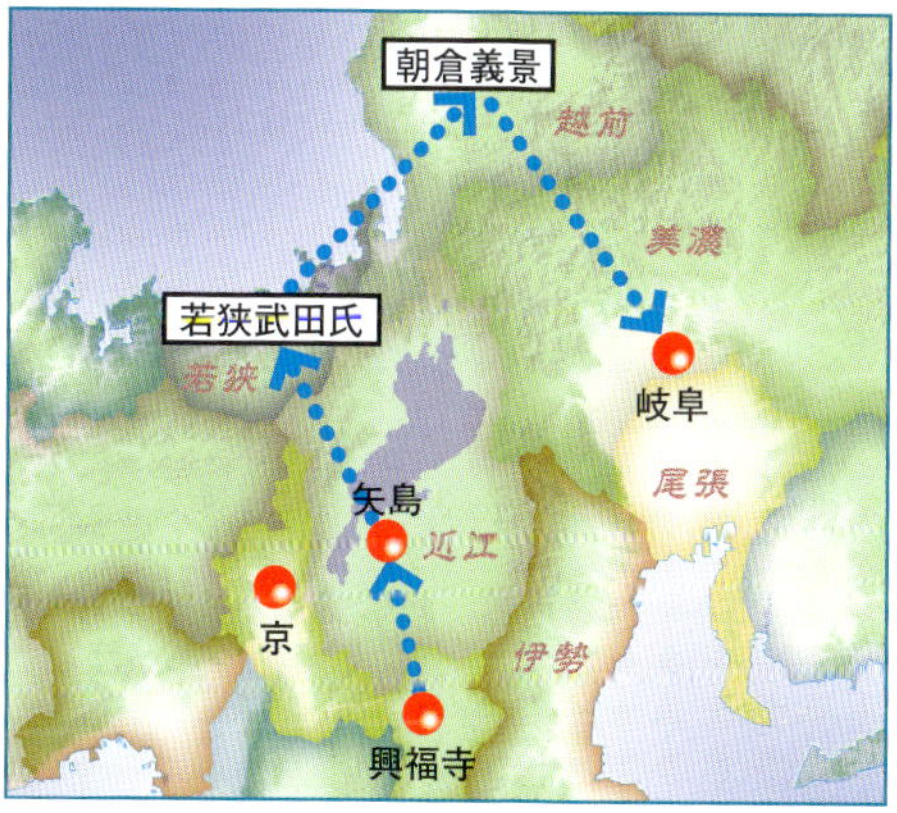

義昭の放浪

近江の六角氏を頼り矢島《やじま》御所へ。

↓

六角氏が松永側へ傾くと、親族に当たる若狭武田家を頼る。

↓

内紛の続く若狭武田家を離れ、越前の朝倉義景のもとへ。

↓

いつまでたっても動かない義景に見切りをつける。

↓

信長に迎えられて岐阜へ。

仲介をしたのは美濃出身の明智光秀だったと考えられている。

1568

いざ上洛《じょうらく》へ

信長《のぶなが》の前準備

足利義昭《あしかがよしあき》の要請に応じて上洛したいと考えていた信長は、早速その準備を始めた。まず、正親町《おおぎまち》天皇から誠仁《さねひと》親王の元服の儀礼や禁裏《きんり》の修理を行うなどの命を受けたことで、上洛の大義名分を確保した。

さらに、近畿の諸勢力に協力を要請している。とくに注目すべきは、美濃《みの》攻略中から接触してきていた松永久秀《まつながひさひで》を味方につけたことだろう。久秀といえば足利義輝《よしてる》殺害の張本人だが、その後三好《みよし》三人衆と対立し、戦局が不利になると、信長に助けを求めたのだ。こうして上洛の準備は整えられた。

いっきに上洛！

準備が整った後の信長の行動は早かった。上洛への道筋にある六角《ろっかく》氏との交渉に当たり、交通を保障するよう説得したが、すでに三好三人衆と通じていた六角氏はこれを拒否。かくなるうえは武力で道を切り開くしかないと決心した信長は、四万から六万の軍勢を率いて出陣した。六角氏の城、箕作城《みつくりじょう》を落として近江《おうみ》を制圧すると、「信長きたる」の報を受けた三好三人衆は京を離れた。

こうして、大した抵抗もないまま京に入った信長は、東寺《とうじ》に陣を張って各地の抵抗勢力を制圧し、義昭を将軍とすることに成功したのだ。

豆知識 「信長きたる」の不安

この上洛の際の信長に対する人々の評判が史料に残っている。それによると、「織田信長」というあまり聞かない武将が軍を率いて上洛してくるということで、京の公家《くげ》や庶民はずいぶん動揺し、混乱したらしい。当時の合戦では略奪や誘拐も当たり前だったから、この心配も当然であるといえよう。

信長もこうした不安をおもんぱかったのか、京に入る際に内外を厳重に警備させた。おかげで不埒《ふらち》な事件は起きなかった、という。

いざ上洛へ

上洛の準備を整えた信長は、未曾有《みぞう》の大軍をもっていっきに上洛を達成し、
周辺の敵対勢力も瞬く間に平らげてしまった。

進路の確保

美濃および伊勢《いせ》の北・中部を制圧し、近江《おうみ》の浅井長政《あざいながまさ》を味方につける。

大義名分

正親町天皇の綸旨《りんじ》を受け、さらに足利義昭を手元におくことで、名分を確保。

他勢力の懐柔

まだ美濃攻めをしていた時期から接触してきていた松永久秀を味方に。

↓

上洛の準備は整った

↓

信長、上洛！

尾張・美濃・伊勢に三河《みかわ》からの徳《とく》川《がわ》軍も含め、４万とも６万ともいわれる軍勢で西へ

↓

立ちはだかった六角氏の箕作城を一蹴《いっしゅう》。京にいた三好三人衆は戦わずに逃れる。

↓

ほとんど抵抗のないまま、信長は京に入る！

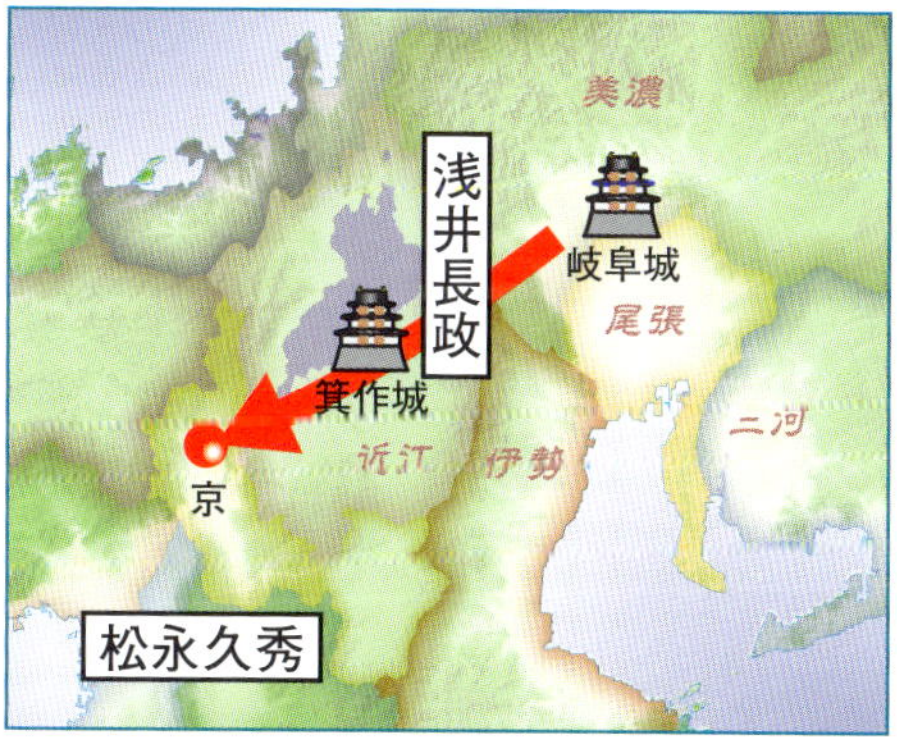

↓

畿内《きない》に残った敵対勢力を制圧したのち、義昭を室町《むろまち》幕府征夷大将軍《せいいたいしょうぐん》の座につける。

1568～70

信長《のぶなが》と義昭《よしあき》の対立

蜜月《みつげつ》時代

めでたく将軍に就任した足利《あしかが》義昭は、信長に副将軍または管領《かんれい》の職に就くようにと勧め、さらには畿内《きない》の領地を好きなだけ得るように、とまで言った。しかし、信長はそうした形式的なものにさして興味を示さず、代わりに「実」をとるべく堺《さかい》などの商業都市に代官をおく権利を求めた。信長のこの態度は、「珍しいほどの謙《けん》遜《そん》」と周囲に評価されたようだ。

また義昭は信長に足利氏の「桐《きり》」と「二引両《ふたつひきりょう》」の家紋の使用を許可し、その御内書《ごないしょ》の宛名《あてな》に「御父　織田弾《だん》正忠殿《じょうのじょう》」と記している。義昭の信長に対する敬意の深さがうかがえる。

伊勢《いせ》進出を機に対立へ

しかし、信長と義昭の蜜月は長くは続かなかった。将軍としての自負心を強くもつ義昭と、あくまで自分が実権を握るつもりの信長が、そもそもうまくいくはずがない。そこに、信長が勝手に伊勢の名門・北畠《きたばたけ》氏を攻め落としてしまった事件がきっかけとなり、両者は対立していく。

突っかかってきた義昭に対し信長は、政治的な動きを強めつつある義昭の行動に抗議した五か条の条書を突きつける。さらに、信長が自らの上洛《じょうらく》に合わせて諸大名らに独断で上洛命令を出したことにより、対立は新たな段階へと進んでいく。

豆知識

五か条の条書の内容

五か条の条書のなかで信長は、諸大名に御内書を遣わす場合には信長の添状《そえじょう》をつけるように言い、義昭の従来の命令を無効としたうえ、天下の成敗は信長に任されているとまで宣言している。

義昭が信長に無断で諸大名間の仲裁や斡旋《あっせん》、軍勢催促を行っていることに抗議する内容のこの条書が、義昭に対する信長の答えだった。条書の袖《そで》には義昭の印が押されているが、渋面でそれを捺印《なついん》したであろうことは、想像にかたくない。

信長と義昭の対立

当初、信長と義昭の関係は蜜月というべきものだった。
しかし、その期間は一年ほどしかもたず、やがて対立するようになる。

「武勇天下第一」「御父」と持ち上げ、「副将軍でも管領でも」「畿内《きない》の諸国を望むだけ」と地位＆領地を約束する。

将軍　足利義昭

蜜月

織田信長

地位と領地は受け取らず、義昭の提案は「二引両」と「桐」の家紋だけ受け取り、堺などに代官をおくことを望む。

伊勢・北畠氏を倒したことが原因で関係が悪化！

義昭側

「自分が将軍なのだから、信長も従うべきだ」

↓

信長との関係が悪化するなか、盛んに諸大名に手紙を出すようになる。

対立

信長側

「将軍はあくまで担がれる神輿《みこし》であるべきだ」

↓

勝手な振る舞いを禁じる五か条の条書を突きつけ、あくまで実権は渡さない。

信長が近畿を中心とした諸大名に上洛命令を出したことをきっかけに、対立は新たな段階へ。

池《いけ》田《だ》勝《かつ》正《まさ》

生没　1539（天文8）～？
別名　八郎三郎
官職　筑後守、民部大輔

摂津《せっつ》の大名。三好《みよし》三人衆と手を組んで、信長《のぶなが》が上洛《じょうらく》してきた際には激しく戦ったが、追いつめられて降伏。「摂津三守護《しゅご》」のひとりとして織田政権に参加した。ところが一族内の内紛によって城を追われ、以後は織田家臣として各地を転戦したという。荒木村重《あらきむらしげ》は元池田氏の家臣である。

金《かな》森《もり》長《なが》近《ちか》

生没　1524（大永4）～1608（慶長13）
別名　五郎八、可近、法印素玄
官職　兵部大輔

土岐《とき》氏の支流に生まれ、長じてから織田家臣団の一員となり、信長の親衛隊である母衣《ほろ》衆の一員として活躍する。各地の戦いで戦功を残し、越前《えちぜん》の大野《おおの》郡を与えられた。信長の死後は一時羽柴秀吉《はしばひでよし》と対立したが降伏、飛騨《ひだ》一国を与えられた。茶の湯や蹴鞠《けまり》などにも造詣《ぞうけい》が深かった人物。

九鬼嘉隆《くきよしたか》

生没 1542(天文11)~1600(慶長5)
別名 不明
官職 右馬允、大隅守、宮内少輔

伊勢志摩《いせしま》の水軍を率いた武将。信長が上洛したころからその配下となり、活躍する。とくに第二次木津川口《きづがわぐち》の戦いでは巨大船を用いて毛利《もうり》水軍を打ち破った。本能寺《ほんのうじ》の変後は豊臣《とよとみ》政権で水軍を率いたが、関ヶ原《せきがはら》の戦いにおいて西軍についたことから、最後には自決して果てた。この際、東軍についていた嫡男・守隆《もりたか》が徳川家康《とくがわいえやす》に父の助命を許されるも、その報が届くより前に嘉隆は死んでしまったという。

太田牛一《おおたぎゅういち》

生没 1527(大永7)~1613(慶長18)
別名 不明
官職 不明

名前の読み方は「うしかず」とも。最初は足軽《あしがる》として信長に仕え、やがて弓の腕を評価されて出世すると、信長の側近として働いた。本能寺の変の後《のち》はしばらく隠棲《いんせい》していたが、やがて豊臣秀吉に仕えるようになる。その後、日記代わりに書きためたメモをもとに信長や秀吉の軍記を綴《つづ》るようになり、それが『信長公記《しんちょうこうき》』『大かうさまくんきのうち』といった良質な一次史料として現在に伝わっている。

ミニ知識

信長《のぶなが》とフィクション

織田《おだ》信長といえば、おそらくは日本でいちばん有名で人気のある戦国大名だ。そのため、古くより彼を題材としたさまざまなフィクションが描かれ、人気を博してきた。

信長を主人公とした小説の名作は多いが、とくに名高いのはやはり司馬遼太郎《しばりょうたろう》『国盗り物語』（新潮社）だろうか。斎藤道三《さいとうどうさん》編と織田信長編の二部構成となっているこの作品は、道三と信長をつなぐ存在として明智光秀《あけちみつひで》を配しつつ、非常にスケールの大きい物語を描いている。

ほかに、宇月原晴明《うつきばらはるあき》『信長 あるいは戴冠せるアンドロギュヌス』（新潮社）にも触れたい。信長は両性具有であった――という驚くべき着想をもとに、そこに古代ローマの皇帝、古代オリエントの太陽神、さらには第二次大戦前夜のドイツ・ベルリンまでもを絡めて、怪しく、耽美《たんび》で、そしてファンタジックな歴史物語をつくりだしている。異色作、ということばがなによりもふさわしい作品だ。

ドラマでは一九九二年のＮＨＫ大河ドラマ『信長 ＫＩＮＧ ＯＦ ＺＩＰＡＮＧＵ』が大きなインパクトを与えた。信長にまつわる有名なエピソードをなぞるだけでなく、キリシタンにまつわる描写が多かったり（各話の最後にルイス・フロイスによるポルトガル語の挨拶《あいさつ》があったのが印象的だった）、織田家お抱えの祈祷《きとう》師・加納随《かのうずい》天《てん》というオリジナルなキャラが独特の存在感を発揮するなど、新たな信長物語の形をつくった作品でもあった。

漫画では、山田芳裕《やまだよしひろ》『へうげもの』と、宮下英樹《みやしたひでき》『センゴク』の二シリーズを紹介したい。ともに講談社から出ており、前者はのちに茶人として大成する古田織部《ふるたおりべ》、後者はたびたび失敗しては挽回《ばんかい》して再び出世した仙石秀久《せんごくひでひさ》、という織田氏の武将を主人公に、戦国時代をそれまでとは違う切り口で描いた異色漫画として、多大な人気を得ている。この二シリーズにおいて、信長は脇役《わきやく》ながら強い存在感を発しており、とくに後者では『センゴク外伝 桶狭間《おけはざま》戦記』という外伝で主人公を務めている。

ゲームではなんといってもＫＯＥＩの名作『信長の野望』シリーズだ。信長を含めた戦国大名たちを操って天下統一を目ざすシミュレーションゲームで、これをきっかけに戦国時代に興味をもった人も多いはず。

さらに最近の注目作として、ＫＯＥＩの『戦国無双』シリーズ、カプコンの『戦国ＢＡＳＡＲＡ』シリーズも見逃せない。ともに史実のエピソードやイメージを拾いつつも、大胆なアレンジを施された武将たちがたった一人で戦場を駆け巡るアクションゲームで、その爽快《そうかい》感とキャラクター性で高い人気を誇っている。

もちろん、信長が双方のシリーズで「魔王」的キャラクターとして重要な位置を占めているのは言うまでもない。

4章 波乱期「信長包囲網」

信長と義昭の蜜月もつかの間、ふたりの関係はすぐに悪化し、やがて義昭は「信長包囲網」を形成して信長を追いつめていく。とくに、甲斐の武田信玄が西へ進む姿勢を見せたことは信長を大いに恐れさせた。しかし、その信玄が病に倒れてしまったことにより、流れは再び信長へと傾いていく。

1570

金《かね》ケ《が》崎《さき》撤退戦

越前《えちぜん》攻め

信長《のぶなが》の命令に従い、畿内《きない》はもちろん遠方からも多くの大名たちが上洛《じょうらく》するなか、越前の朝倉義景《あさくらよしかげ》がこれを無視する。そこで信長は義景を討伐するため、越前に出陣した。

金ケ崎城にねらいを定めた信長は、周囲の城を圧倒的兵力で落として戦意をそぎ、金ケ崎城を開城させた。しかし、ここまで順調だった遠征は、義弟・浅井長政《あざいながまさ》の裏切りによって中断を余儀なくされる。その原因は、同盟時に「古くから浅井氏の盟友である朝倉氏を勝手に攻めないこと」という約束をしていたのに、それを信長が破ったことにあるという。

岐阜《ぎふ》への過酷な撤退戦

長政の裏切りにより、信長の軍勢は背中に敵を控えた不利な状況に追い込まれた。そこで信長はすぐさま退却を決断。金ケ崎城には殿軍《でんぐん》として木下秀吉《きのしたひでよし》（のちの豊臣秀吉）・明智《あけち》光秀《みつひで》らを残し、少数の馬廻《うままわ》りと小姓《こしょう》だけを率いて京へ撤退した。

このとき、浅井氏と主従関係を結んでいる朽木元綱《くつきもとつな》の勢力範囲を通ることが問題だったが、元綱は信長の味方についてくれた。おかげで信長はまず京へ、さらに岐阜へとすばやく引き上げることができて、どうにか態勢を整えることに成功したのであった。

人間関係

お市《いち》の託した「袋の小豆《あずき》」

越前を攻める信長のもとに、妹・お市から届けものがあったという。それは布の両端を縛って袋状にし、中に小豆を詰めたものであった。

信長はしばし首をひねってこの謎《なぞ》かけの答えを考えたが、やがてそれに気づくと激怒した。答えは「袋の鼠《ねずみ》」――信長が絶大な信頼をおいていた義弟・長政が裏切り、信長が窮地に陥る、という意味だったのである。お市は長政と非常に仲がよかったが、それでも兄を見捨てることはできなかったのであろう。

金ヶ崎撤退戦

信長は上洛命令を無視した朝倉義景を攻めるが、
義弟・浅井長政の裏切りのせいであわてて退かざるをえなくなった。

朝倉討伐

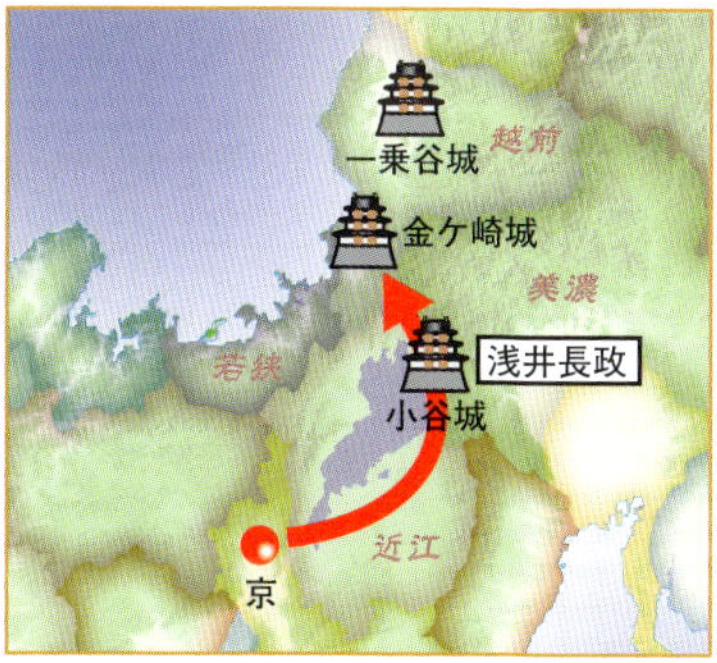

上洛命令に従わなかった朝倉義景を討伐するため、近畿の諸大名も引き連れて越前へ出陣！

若狭・武藤《むとう》氏の討伐を大義名分に？

金ヶ崎城などを攻め落とし、意気揚々と一乗谷城《いちじょうだに》へ進撃する。

義弟・浅井長政が信長を裏切って朝倉側についたことが判明！

金ヶ崎撤退戦

敵対勢力に脅かされつつも、木下秀吉、明智光秀らを殿《しんがり》に残し、信長は急いで京へ撤退！

そのまま岐阜へ戻り、どうにか態勢を整えることに成功。

岐阜への道中、杉谷善住坊《すぎたにぜんじゅぼう》による狙撃《そげき》を受けるが、かすったのみ。

1570

姉川《あねがわ》の戦い

合戦に至るまでの前段階

越前《えちぜん》から京へ、そして岐阜《ぎふ》に戻った信長《のぶなが》は、すぐさま反撃の準備を整え近江《おうみ》へ出陣した。二日後、浅井長《あざいなが》政《まさ》がこもる小谷城《おだにじょう》の城下一帯に放火するが、長政はこの挑発に乗らない。そこで信長は、小谷城の南方にある横山《よこやま》城にねらいを定め、堅固な小谷城から長政をおびき出す作戦に出た。

横山城攻めが開始されると、織田《おだ》方には徳川家康《とくがわいえやす》が、浅井方には朝倉《あさくら》景健《かげたけ》が、それぞれ軍勢を率いて駆けつけた。そして小谷城を出た浅井・朝倉軍と、横山城包囲の陣を移動した織田・徳川軍が、姉川を挟んで対《たい》峙《じ》することになる。

姉川の戦いの経過

浅井軍は織田軍に、朝倉軍は徳川軍に。それぞれ姉川を隔てて真正面に位置する敵陣へと攻めかかった。この戦いでの兵力は、織田・徳川軍が圧倒的に優勢だった。一時は浅井軍が織田軍を押していたが、徳川軍が朝倉軍を打ち負かしたことで、戦いは織田・徳川軍の勝利に終わった。

浅井・朝倉軍は敗走し、織田・徳川軍もそれを追うが、小谷城に逃げ込まれると、信長はそれ以上の深入りはするなと軍勢をとどめた。結局、信長がこの浅井・朝倉両勢力を完全にたたきつぶすのに、あと数年を要することになる。

豆知識　浅井・朝倉の結びつき

浅井氏はもともと北近江《おうみ》の国人《こくじん》で、京極《きょうごく》氏の後継者騒動を好機として勢力を伸ばしていった。しかし、京極氏や六《ろっ》角《かく》氏などと対立するなかで追いつめられてしまい、越前の朝倉氏の助けによってどうにか独立大名として勢力を維持することができた。

そんななか、長政は父・久《ひさ》政《まさ》が進める六角氏への臣従を拒否して独立を守った人物であり、信長の革新性にも共感する部分はあったろうが、最終的には古くからの盟友である朝倉氏を選んだ。

姉川の戦い

態勢を整えた信長は報復のために浅井長政を攻め、
織田＆徳川連合軍と浅井＆朝倉連合軍が姉川を挟んでにらみ合った。

浅井・朝倉連合軍

浅井長政

美濃《みの》進出の動きもあったが実現せず。

↑ 援軍

朝倉義景

救援要請を受け、朝倉景健を派遣。

激突

織田・徳川連合軍

織田信長

小谷城近くの横山城から攻める。

↑ 援軍

徳川家康

越前攻めに続いて、この戦いにも参加。

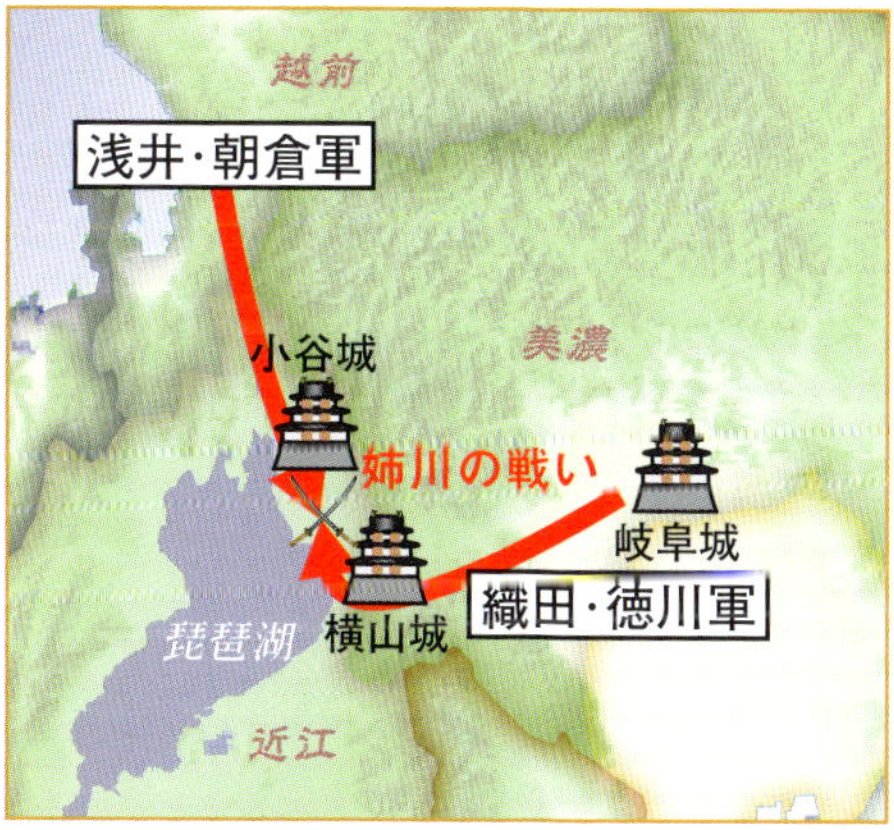

姉川の戦い

横山城を救援するため、浅井・朝倉連合軍が出陣する。

↓

琵琶湖《びわこ》より伸びる姉川を挟んで両軍が対峙、激突！

↓

奮闘する浅井軍に織田軍が押されるも、徳川軍が朝倉軍を打ち破って趨勢《すうせい》が決まった、という。

勝利した信長もいっきに小谷城へ攻め込もうとはせず、浅井・朝倉との戦いはその後も信長を苦しめることになる。

1570

石山《いしやま》合戦の始まり

三好《みよし》三人衆の挙兵に始まる

信長《のぶなが》を十年以上にわたって苦しめる石山合戦の始まりは、信長をつぎつぎと襲う危機のなかにあった。

一五七〇年（元亀《げんき》元）、三好三人衆が、摂津《せっつ》で再び挙兵。そこで信長は野田《のだ》・福島《ふくしま》に砦《とりで》を築いた三好勢を攻める。ところが、福島砦の東方にある石山の本願寺《ほんがんじ》が突然挙兵し、信長軍に鉄砲を撃ち込んできたのである。

驚きながらも本願寺・三好連合軍と戦う信長に、今度は浅井《あざい》・朝倉《あさくら》勢が動いたという知らせが届く。あわてて戻ってこの軍を破るも、比叡山《ひえいざん》に逃げ込まれて手が出せず、志賀《しが》の陣《じん》とよばれる膠着《こうちゃく》状態になった。

信長と本願寺

反信長の姿勢を突然あらわにした本願寺だったが、そもそもこの一向《いっこう》宗（浄土真宗《じょうどしんしゅう》）の総本山と信長との関係はけっして悪くなかった。

しかし、一五六八年（永禄十一《えいろく》）に信長が本願寺に矢銭《やせん》（軍資金）を要求し、さらに要地である石山（大《おお》坂《さか》）の地に目をつけて退去を命じると、本願寺は静かに対立の意志を固めていった。そして、野田・福島の砦が攻められるにあたって、「次は本願寺だ」と判断した宗教指導者・顕《けん》如《にょ》は、ついに信長と戦うことを決意し、各地の一向一揆《いっき》にも指示を出して、信長との長い戦いを始めた。

豆知識　石山本願寺と一向宗

石山本願寺は一向宗の総本山である。この一向宗は、浄《じょう》土《ど》宗の開祖である法然《ほうねん》の弟子・親鸞《しんらん》が開いた浄土真宗の別名であり、とくに本願寺派をさす。親鸞は阿弥陀仏《あみだぶつ》の本願を信じることによって救われると強調し、その教えを広めていった。

一方、石山本願寺は、もともとは大坂の地に築かれた大《おお》坂坊《さかぼう》という寺だった。ところが、それまでの総本山だった京の山科《やましな》本願寺が他宗派との対立で焼かれたため、本願寺がここに移ってきたのである。

石山合戦の始まり

三好三人衆との対立をきっかけに、
信長は一向宗の総本山・石山本願寺と10年に及ぶ長い戦いを繰り広げることになる。

①三好三人衆の摂津上陸

三好一族の有力者であった三好三人衆（三好長逸《ながやす》・三好政康《まさやす》・岩成《いわなり》友通《ともみち》）は信長に敗れて畿内より追い出されていた。しかし、彼らは三好一族の基盤である四国地方で力を蓄えると摂津に上陸し、野田・福島に砦を築いて信長に対抗しようとした。そこで信長は畿内の諸将を集めた大軍でこれを攻める。三好三人衆は将軍・足利義昭《あしかがよしあき》にとっても宿敵というべき存在であるためか、信長との対立が深まりつつある義昭もこの戦いに参加している。

②石山本願寺の挙兵

信長が三好三人衆を攻め始めてから間もなく、突如として野田・福島のすぐ近くにある石山の本願寺が反信長の兵を挙げた。この背景として、信長が本願寺に5000貫の矢銭（軍資金）とさらに要地である石山の地を立ち去るように要求したこと（本願寺側は前者を受け入れたものの後者は拒否した）から関係が険悪化していたことがある。こうして一向宗（浄土真宗本願寺派）の総本山である本願寺と信長の10年以上にわたる戦いが始まったのである。

③志賀の陣

本願寺および三好三人衆の兵は信長を苦しめたが、問題はこれだけではなかった。浅井・朝倉の連合軍が南下して近江《おうみ》の坂本《さかもと》に進んで、京をも脅かすようになったのだ。信長はあわてて摂津での戦いをやめ、近江に戻ってこれをたたいたが、比叡山に逃げ込まれてしまって手が出せなくなった。比叡山の延暦寺《えんりゃくじ》に「こちらの味方になるか、せめて中立になってくれ、浅井・朝倉をかくまわないでくれ」と信長は頼んだが受け入れられず、3か月にわたってにらみ合うことになった。これを「志賀の陣」という。

1570〜73

第一次信長《のぶなが》包囲網

包囲網の勢力たち

将軍・足利義昭《あしかがよしあき》は信長に対抗するために、諸国の大名などに「反信長包囲網」の結成をよびかけた。このよびかけに反応したのは比叡山延暦《ひえいざんえんりゃく》寺《じ》・石山本願寺《いしやまほんがんじ》などの宗教勢力や、三好《みよし》三人衆、南近江《おうみ》の六角義賢《ろっかくよしかた》に、信長を裏切った松永久秀《まつながひさひで》。さらには浅井長政《あざいながまさ》・朝倉義景《あさくらよしかげ》などだ。

これら諸勢力が熱望したのが、甲《か》斐《い》の武田信玄《たけだしんげん》の参戦であり、それによって事態は大きく動くと思われた。

一方、信長の味方といえるのは三《み》河《かわ》の徳川家康《とくがわいえやす》、また一五七二年（元《げん》亀《き》三）に同盟を結んだ越後《えちご》の上杉謙《うえすぎけん》信《しん》などだけだった。

志賀《しが》の陣《じん》は講和へ

その包囲網勢力である浅井・朝倉と信長のにらみ合い――志賀の陣は、一度堅田《かただ》で戦闘があった以外はひたすらにらみ合っているだけであった。そうこうしているうちに冬になり、朝倉義景には雪が降り始めると越前に帰れなくなってしまう、という焦りが出た。一方の信長も自国を離れてずいぶんたち、余裕はなかった。

こうして両者は互いに和睦《わぼく》の構えを見せ始めた。義昭を仲介に立てて（当時はまだ明確に表立っては信長と対立していなかったともいう）和睦が成立し、両軍はいったん引き揚げることになったのである。

エピソード

十七か条で脅しをかける

一五七二年（元亀三）、信長は義昭に、十七か条からなる意見状を突きつけた。二年前の五か条の条書に義昭が違反しているのをとがめ、その政治を非難するものである。

第一条で朝廷への世話を怠っていることを非難し、同じようにこれを怠った十三代将軍の義輝《よしてる》が殺されたことを述べた。さらに第十七条で、世間までもが「あしき御所《ごしょ》」と言っていることを取り上げ、同じくそのように言われた六代将軍の義教《よしのり》が殺されたと、重ねて脅しをかけている。

第一次信長包囲網

信長は自らが将軍にした足利義昭との対立をきっかけに、
複数の勢力に周囲を取り囲まれてしまうことになる。

足利義昭の要請にこたえた近畿を中心とする
諸大名・宗教勢力が、反信長で手を組んで信長を取り囲む

↓

元亀年間ころの勢力配置

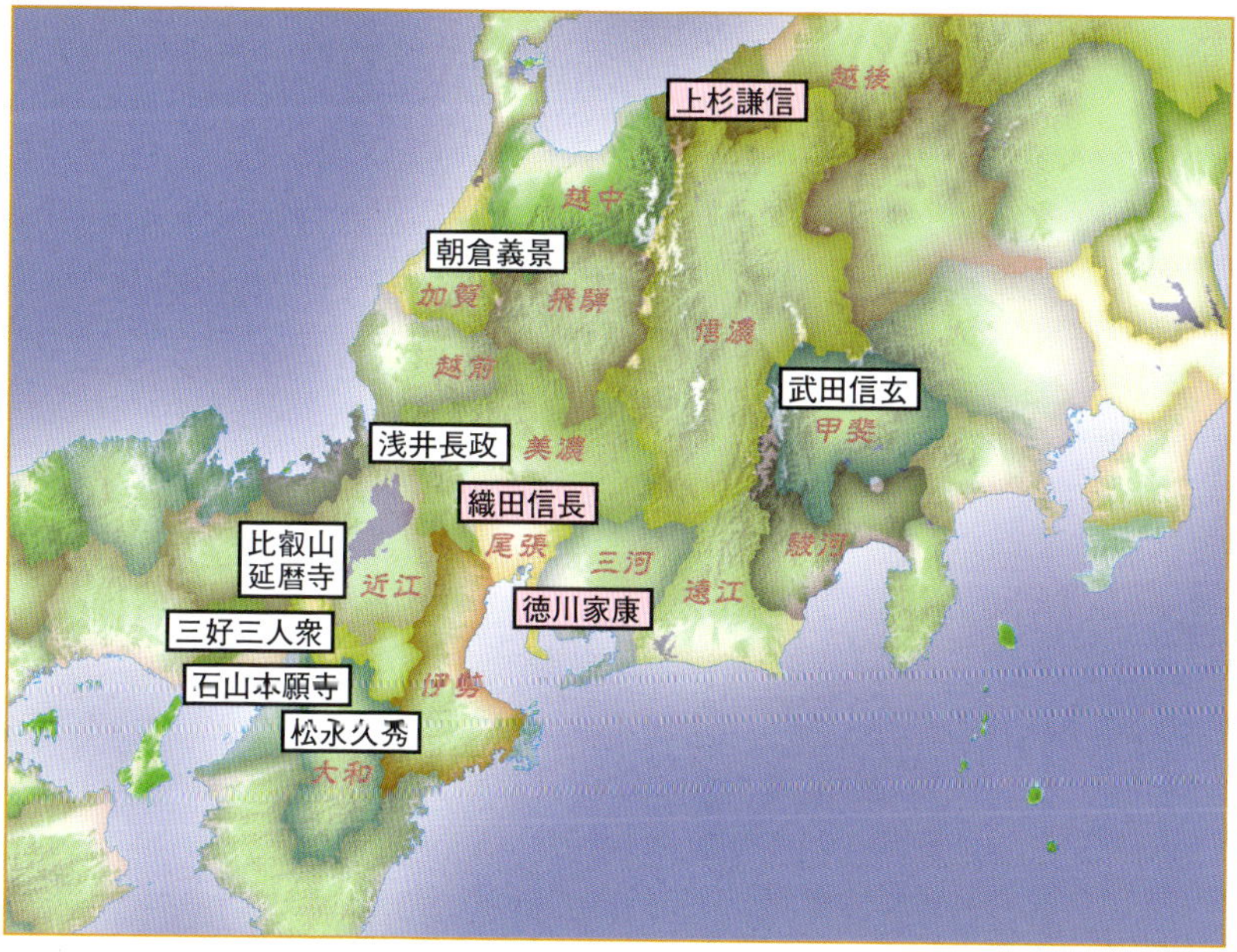

↓

**追いつめられた信長、義昭と朝廷に働きかけることで、
比叡山にたてこもっていた浅井・朝倉軍と和睦する。**

不明

筒井順慶《つついじゅんけい》

生没 1549（天文18）～1584（天正12）
別名 藤勝、藤政、藤四郎、陽舜房順慶
官職 不明

興福寺《こうふくじ》の門徒でもあった武将。松永久秀《まつながひさひで》と対立し、織田家臣として明智光秀《あけちみつひで》の与力《よりき》として大和《やまと》国を与えられた。本能寺《ほんのうじ》の変において光秀の協力要請を受けて兵を進めながらも、大坂と京の間の洞ヶ峠《ほらがとうげ》でためらってついに光秀に味方しなかったという伝説から「洞ヶ峠の順慶」と揶揄《やゆ》された。

美濃国

森可成《もりよしなり》

生没 1523（大永3）～1570（元亀元）
別名 三左衛門
官職 不明

森長可《ながよし》、蘭丸《らんまる》らの父。古くから信長《のぶなが》の有力武将のひとりとして各地を転戦し、京都《きょうと》と近江《おうみ》国を結ぶ新道を警固するため、宇佐山《うさやま》城の守備を任せられる。が、そこを浅井《あざい》・朝《あさ》倉《くら》連合軍の攻撃にあい、わずかな手勢で奮戦するも、織田信治《のぶはる》とともに討ち死にする。

美濃国

武井夕庵《たけいせきあん》

生没　不明
別名　爾云
官職　肥後守、二位法印

織田信長の書状を代筆した右筆《ゆうひつ》のひとり。「信長の書記」と評され、右筆たちのなかでも中心的な立場にあった。さまざまな連署《れんしょ》状を執筆する一方で、京都の公家《くげ》や寺社、吉《きっ》川元春《かわもとはる》、小早川隆景《こばやかわたかかげ》らとの交渉も担当し、外交面でも信長を助けている。本能寺の変の直前、安土《あづち》城で信長とともに能舞台を鑑賞しているが、以降は歴史の表舞台から姿を消しており、その動向は不明。

美濃国

森長可《もりながよし》

生没　1558（永禄元）～1584（天正12）
別名　勝三、勝蔵、鬼武蔵
官職　武蔵守

森可成の子。森蘭丸の兄にあたる。その勇猛さから「鬼武蔵」の異名をとった。父とともに信長に仕え、織田信忠《のぶただ》を総大将とした武田《たけだ》氏攻めでは先陣を担う。その武功により信濃《しなの》国四郡を与えられているが、これはまだ若い長可にはかなりの抜擢《ばってき》であった。本能寺の変の後、羽柴秀吉《はしばひでよし》に仕え、小牧《こまき》・長久手《ながくて》の戦いでは舅《しゅうと》に当たる池田恒興《いけだつねおき》らとともに徳川家康《とくがわいえやす》の背後をねらうが失敗。追撃されて討ち死にする。

1571

比叡山《ひえいざん》焼き討ち

比叡山延暦《えんりゃく》寺とは

京にほど近い比叡山にあった延暦寺は、七八八年（延暦《えんりゃく》七）に天台宗《てんだいしゅう》の開祖・最澄《さいちょう》が開いた一乗止観院《いちじょうしかんいん》に始まる、天台宗の総本山だ。朝廷や公家《くげ》と深く結びつき、広大な寺領をもち、さらに武力集団として僧兵までかかえていた延暦寺は、政局を左右するほどの力をもっていた。

こうして「王城の鎮護《ちんご》」として確固たる地位を占めた延暦寺だが、当時の僧侶《そうりょ》たちの悪行や堕落っぷりははなはだしいものだった。信長はこれを憎み、また浅井《あざい》・朝倉《あさくら》勢に肩入れした報復という意味もあって、武力による攻撃を決意する。

焼き討ちの過程と評判

一五七一年（元亀《げんき》二）、信長は近江《おうみ》に出陣すると、まず多くの僧侶が住む坂本《さかもと》の町に火を放ち、さらに比叡山頂に攻め込んで全山を焼き払った。僧侶だけでなく大勢の俗人も殺し、女性や少年といえども容赦せず、数千人もの人々を殺したという。

これに対して、仏教界の反発は激しく、信長を「仏敵」とののしった。しかし一方で朝廷・公家などの反発はそれほどでもなかったことから、現代の研究者は、「信長の行動は近世的封建体制の樹立にとって必然的な課題となる、政教分離《せいきょうぶんり》を推し進めたものである」と評価している。

豆知識 延暦寺の復興

信長の生存中は、延暦寺の再興は許されなかった。信長の死後、羽柴秀吉《はしばひでよし》が根本中堂《こんぽんちゅうどう》の再興を許可したが、信長の遺志を重んじて諸国の勧進《かんじん》を許すにとどまり、直接寄進することは避けた。

諸大名の協力もあり、延暦寺はほぼ旧観に復して秀吉と徳川家康《とくがわいえやす》の公認を受け、近江・山城《やましろ》の二国にまたがる広大な寺域を分かち、東塔《とうとう》・西塔《さいとう》・横川《よかわ》の三塔とする。しかし、江戸《えど》幕府の寺院政策の影響を受け、以前のような社会的勢力をもつことはなかった。

比叡山焼き討ち

信長は、天台宗の総本山である宗教的権威・比叡山を、
容赦なく焼き打ちにした。浅井・朝倉軍をかくまった報復だという。

比叡山とは？

平安時代、天台宗の開祖・最澄が比叡山に延暦寺を築き、総本山とした。

↓

最大の宗教権威として、多数の僧兵による武力集団として、京のすぐ近くという立地から「王城の鎮護」として、発展する。

一方、僧侶たちの堕落や悪行への非難もあった

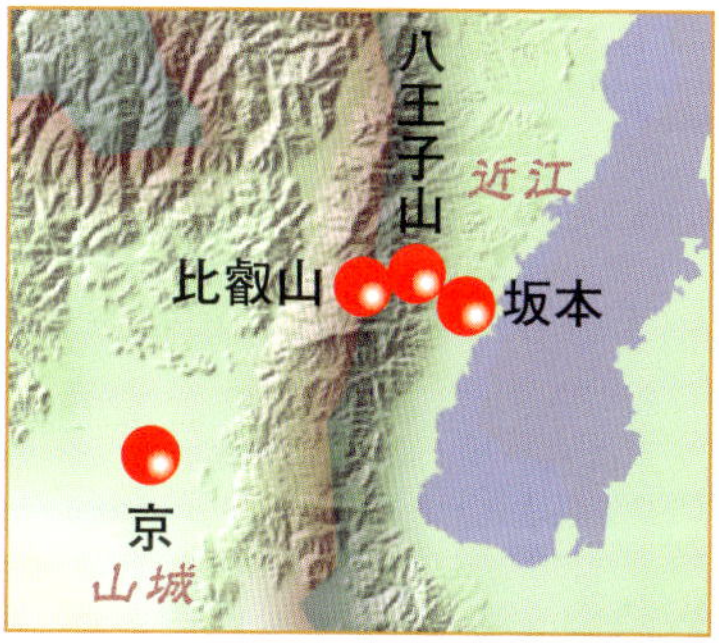

信長は、浅井・朝倉連合軍への肩入れおよび僧侶たちの堕落を憎み、武力攻撃を決意する。

信長の焼き討ち

信長の軍勢が比叡山を取り囲み、堂舎を焼いて、僧侶や関係者を数千人も殺してしまった！

一般的なイメージとは少し異なり、おもな殺戮の舞台になったのは比叡山の山頂ではなく、ふもとの坂本の町や八王子《はちおうじ》山などだったという。

↓

信長の行動は強いショックを与えたが、政治と宗教の分離という点で大きな意味があったと考えられている。

解説3

信長《のぶなが》の政策③宗教

キリスト教と信長

信長は京や安土《あづち》の町に教会の建設を許し、さらに安土の教会にはセミナリオ（キリスト教の神学校）まで造らせるなど、一貫してキリスト教に寛容な姿勢をとり続けた。

こうした態度は、俗化・堕落して信長の前に立ちふさがる仏教界への嫌悪と、その対抗勢力としての期待があったと考えられている。

安土宗論《あづちしゅうろん》

一五七九年（天正《てんしょう》七）、法華《ほっけ》宗の僧と浄土《じょうど》宗の僧が安土城下でいさかいを起こしたことをきっかけに、二つの宗派の間に宗論（宗教論争）が起きた。最終的に両宗派の僧が問答を行い、信長の指図をうけた立会役の誘導もあって浄土宗が勝利した。これは法華宗の武力的な側面を嫌った信長の策略だったという。

信長のスタンス

上杉謙信《うえすぎけんしん》や武田信玄《たけだしんげん》に代表されるように、戦国大名たちの多くは非常に信心深かった。そもそも中世の人々は現代のわれわれよりはるかに宗教が身近だったというのもあるだろうし、なかでも死と隣り合わせの武士たちにはその傾向が強かったともいえるのだろう。また、「王法と仏法が両輪となって国が成立する」という思想も根強かった。

しかし、信長はあくまで合理的精神で宗教に対した。そのスタンスはむしろ現代のわれわれに近い。信長は宗教権威に対してあくまで「織田《おだ》政権の安泰を祈るだけ」の存在であることを望み、武力的・政治的集団として立ちはだかるのであれば容赦なくたたきつぶした。いわば、信長は「政教分離」を推し進めたのである。

宗教への敬意

信長には無神論者のイメージが強く、実際にルイス・フロイスの『日本史《にほんし》』にはそのような記述がある。しかし、その一方で信長は自身と縁が深い神社——父・信秀《のぶひで》以来の経済基盤となった津島神社《つしまじんじゃ》や熱《あつ》田神宮《たじんぐう》、織田氏が神官を務めたという越前《えちぜん》の織田《おだ》剱《つるぎ》神社には崇敬の意を示し、篤《あつ》く保護した。また、勢力の拡大にあたっても信長は寺社の権益を少なからず保護し、彼らを味方につけようとした。

自分を神格化？

フロイスは『日本史』のなかで後年の信長が自らを神のように宣言するに至った、と記している。それによると、信長が安土に築いた摠見《そうけん》寺は神・信長を祀《まつ》るものであり、信長を崇《あが》める者は健康や財産といった利益を得るが、そうでないものは現世においても来世においても破滅するだろうと言った、というのだ。ショッキングな内容だが、一方でフロイスの創作・誇張が疑われているのも事実である。

1572

武田《たけだ》信玄《しんげん》の西上開始

信玄西上をめぐる事情

信長《のぶなが》と武田信玄はしばらく友好な間柄だった。また、信長は同盟者である徳川家康《とくがわいえやす》とも、今川《いまがわ》氏を共同で滅ぼすなど、やはり友好的だった。

しかし、信長と将軍・足利義昭《あしかがよしあき》の対立が激化するなか、義昭は石山本《いしやまほん》願寺《がんじ》などを経由して信玄への働きかけを強め、対信長の切り札として期待した。信玄もこれを受け入れ、敵対していた北条《ほうじょう》氏と講和して後方の安全を確保するなど、西上の条件を整える。そこに義昭から「天下静謐《てんかせいひつ》」――すなわち、信長打倒のために奔走するように、と命じた御内書《ごないしょ》が出され、大義名分もそろった。

三方ヶ原《みかたがはら》の戦い

一五七二年（元亀《げんき》三）、信長および家康との戦いを決意した信玄は軍勢を三つに分けると、自らは本隊を率いて遠江《とおとうみ》を蹂躙《じゅうりん》、別働隊と合流して要害である二俣城《ふたまたじょう》を攻め落とした。そして家康の居城である浜松城《はままつじょう》に迫るが、城を攻めることはなく、そのまま北に広がる三方ヶ原を横切って、三河方面へと進もうとした。

この情報を得た家康は、信長の送ってくれた援軍とともに浜松城を出て、武田軍の背後から攻撃をしかけた。しかし信玄はこれを予知していたらしく、反転して徳川軍をさんざんに打ち破ったのである。

豆知識 織田・武田の同盟時代

信長は信玄の四男・勝頼《かつより》のもとに養女（妹婿である美濃《みの》の苗木《なえき》城主・遠山友忠《とおやまともただ》の娘）を政略結婚で送り込み、織田・武田の同盟関係を築いていた。

次に両者の関係が深まるのは、信長の嫡男・信忠《のぶただ》と信玄の五女・松姫《まつひめ》との婚約がまとまったときである。領地が近接する大名どうし、両者ともに外交関係を考慮して同盟を強化しようとしたものだったが、信玄が信長包囲網に参加し、二人の対立が決定的になると、信忠と松姫の婚姻も取り消しになってしまった。

武田信玄の西上開始

北条氏との和睦《わぼく》に成功した武田信玄は、
いよいよ将軍の要請に従って西へ進み、信長の同盟者である家康を脅かした。

織田信長

武田氏を警戒し、上洛前に浅井《あざい》氏だけでも滅ぼそうとするが失敗。

対立

足利義昭ら

たびたび信長と戦いつつ、織田・武田の両氏を対立させようと画策。

援軍

上洛《じょうらく》を要請

徳川家康

織田氏と同盟して旧主君・今川氏を滅ぼし、駿河《するが》へ進出していた。

対立

武田信玄

敵対していた北条氏と和睦したことから、西への進出を開始する。

信玄、出陣する！

信玄本隊は遠江へ、山県昌景《やまがたまさかげ》隊は三河へ、秋山信友《あきやまのぶとも》隊は美《み》濃《の》へ、三方向に向かう。

本隊と山県隊が合流し、家康の居城・浜松城の方面へ進軍する。

三方ヶ原の戦い

家康は浜松城の北・三方ヶ原へ出陣して信玄と戦った。信長も援軍を送ったが、圧倒的な兵力の差で負けてしまった。

信玄《しんげん》、病に倒れる

信玄の死

三方ケ原《みかたがはら》で勝利を収めた信玄だが、三河《みかわ》に入って野田城《のだじょう》を攻略したところで信濃《しなの》に軍を返してしまう。患っていた結核が悪化したのだ。結局、彼の容体が回復することはなく、一五七三年（天正元《てんしょうがん》）、信濃《しなの》・駒場《こまんば》の地で五十三歳の生涯を閉じた。最期の地を波合《なみあい》とする説や、死因を野田城包囲中に受けた銃傷をもととする説もある。

この結果、信玄がなにを企図して西上したかはわからなくなってしまった。通説では上洛《じょうらく》を目ざしたとされるが、ほかにも遠江《とおとうみ》・三河《みかわ》の攻略のためだけだったとも、信長《のぶなが》と決戦するためだったともいう。

信長包囲網側の事情

信玄の死は、完成しつつあった信長包囲網に大きな打撃を与えた。もともとまとまりがなかった畿内《きない》の反信長勢力は、朝倉義景《あさくらよしかげ》が本国に引き上げてしまうなど隙《すき》が多かった。それが信玄の死をきっかけとして、崩壊に向かった。これにより、信長の天下布武《てんかふぶ》への道はかなり進みやすくなったのである。

ただ、包囲網とはいっても彼らは独立した勢力であり、仲間割れのようなことも多かった。そのため、もし信玄が病に倒れずそのまま信長と対峙《たいじ》したとしても、簡単に信長が倒れるようなことはなかっただろう。

エピソード 信玄の遺言

信玄は死に臨んで、「自分が死んだことを三年隠せ」と言ったとされ、実際に葬儀は三年後に行われている。しかし、信玄が亡くなってからわずか十数日後、早くも上杉謙信《うえすぎけんしん》の家臣のもとに、飛騨《ひだ》のある武士からうわさとしながらも信玄の重病、または死亡を知らせる手紙が届いている。さらに二か月後には足利義昭《あしかがよしあき》もこれを知ったようだ。となればもちろん信長のところにも届いているはずで、実際には信玄の死を隠すことはできなかったようだ。

信玄、病に倒れる

徳川家康を倒していよいよ西へ進むかに見えた武田信玄だったが、
その途中で病に倒れてしまい、ここから信長包囲網が崩れていく。

信玄、三方ヶ原《みかたがはら》で徳川家康《とくがわいえやす》に勝利！

ところが

野田城を攻め落とした後、武田軍はいったん信濃へ撤退。

↓

信濃・駒場の地にて、体調を悪化させていた信玄が病没。

武田軍撤退！

ちなみに

近年の研究では、信玄出陣の目的は「直接の上洛」ではなく、「遠江・三河の奪取」あるいは、「信長との決戦」をしてその後に上洛するつもりだったのでは、と考えられている。

朝倉義景

浅井長政

顕如

信長包囲網に参加した畿内の諸勢力のなかでは仲間割れ・小競り合いも多く、信玄とタイミングを合わせて近江《おうみ》に出陣した朝倉義景も引き上げてしまうなど、隙が多い。

信玄の死をきっかけに、信長包囲網は崩壊に向かう。

1573

浅井《あざい》・朝倉《あさくら》の滅亡

足利義昭《あしかがよしあき》を追放する

三方ヶ原《みかたがはら》の戦いで信玄《しんげん》が勝利したという報を聞くと、足利義昭は一五七三年（天正元《てんしょう》）、京で反信長《のぶなが》の兵を挙げた。信長は義昭に和睦《わぼく》を申し入れるが、義昭は受け入れなかった。

そこで信長は上洛《じょうらく》すると京に火を放った。これにより二条城《にじょうじょう》に孤立する状態となった義昭は、勅使《ちょくし》の斡旋《あっせん》によって信長と和平する。話がまとまると信長は岐阜《ぎふ》に引き返したが、しばらくすると義昭が槇島城《まきしまじょう》に再び挙兵した。しかし、信長がまたも猛攻をしかけると、三日ともたずに降伏する。信長はここでも義昭の命を奪うことまではせず、追放にとどめた。

浅井・朝倉氏の最期

義昭を追放した信長は、続いて浅井氏の攻撃に向かった。朝倉義景《よしかげ》も浅井氏の救援に出撃してきたが、信長の策略に引っかかって撤退を始めてしまう。信長はこれを追撃して越《えち》前《ぜん》に入り、追いつめられた義景は賢《けん》松寺《しょうじ》まで逃れると、そこで家臣に強要されて自刃した。

信長は越前から軍を返すと、今度は小谷城《おだにじょう》の浅井氏の討伐にかかった。最初に長政《ながまさ》のいる本丸とその父・久《ひさ》政《まさ》のいる小丸を遮断すると、まず久政を自刃させ、続いて本丸に追いつめた長政を自刃させる。こうして朝倉・浅井両氏は滅亡した。

エピソード

朝倉軍との戦いでしかけた策略

朝倉軍との戦いで、信長はまず敵の砦《とりで》を落とした。信長はこれまでの義景の戦い方を見て、敵から身を守る安全地帯がなくなったら引き返すだろうと考えていたのだ。実際、この予測が当たる。

しかし、あらかじめ「朝倉本陣が越前に退くから追撃しろ」と家臣団に命じていたにもかかわらず、半信半疑だった彼らは敵の動きを見逃してしまう。信長が自ら朝倉軍を追うと、家臣たちもようやくそれを追って、朝倉軍に大打撃を与えたという。

浅井・朝倉の滅亡

武田信玄の脅威から解放された信長は、将軍・足利義昭を京より追い、
さらに浅井・朝倉をいっきに攻め滅ぼしてしまった。

②義景を倒す

信長は続いて近江《おうみ》へ出陣した。今度こそ浅井・朝倉の両氏を攻め滅ぼすためだ。救援でやってきた朝倉義景の軍を打ち破ると、勢いに乗って越前へと追撃した。追いつめられた義景は居城・一乗谷《いちじょうだに》城も放棄してさらに逃げたが、最後には重臣に迫られて自害せざるをえなくなった。

①義昭、京を追われる

京の二条城で将軍・足利義昭がついに表だって信長に歯向かい、兵を挙げた。これに対して信長も京へ出陣して取り囲んだが、直接的な戦いではなく京の町への放火や和睦交渉などの工作に終始したようだ。最終的には正親町《おおぎまち》天皇の仲介により和睦が成立し、信長も一度は岐阜城に戻ったが、7月になると義昭は槙島城にこもり、再び挙兵する。これに対して信長も迅速に動き、いっきに城を攻め落とした。しかし義昭の命を奪うことはなく、追放で許した。

③浅井の滅亡

こうして朝倉氏の滅亡を見届けた信長は、すぐに近江へと軍を戻し、本腰を入れて小谷《おだに》城の攻略にとりかかった。この戦いでは羽柴秀吉《はしばひでよし》が活躍し、まず長政のいる本丸とその父・久政のいる小丸の間にある京極丸《きょうごくまる》を夜襲で占領したうえで、次に小丸を攻め落とした。追いつめられた長政は妻・お市《いち》と娘たちを信長側に引き渡し、自らは自決して果てた。

信長《のぶなが》を裏切った者たち

丹波国

波多野秀治《はたのひではる》

生没　?～1579（天正7）
別名　千熊丸、左衛門大夫
官職　不明

丹波《たんば》国の戦国大名。いちじは上洛《じょうらく》した信長の家臣となるが、のちに反旗を翻す。攻略に当たった明智光秀《あけちみつひで》は自分の母（叔母とも）を人質に出し、和議を申し入れたが、秀治は信長の命で弟の秀尚《ひでなお》とともに磔《はりつけ》にされる。このとき、報復として光秀の母も殺されたというが、信憑性《しんぴょう》は薄いようだ。

播磨国

別所長治《べっしょながはる》

生没　1558（永禄元）～1580（天正8）
別名　小三郎
官職　不明

播磨《はりま》国の戦国大名。織田《おだ》信長の上洛に加勢し、以降は信長に仕える。しかし、中国《ちゅうごく》攻めに際して毛利輝元《もうりてるもと》との親交から翻意。羽柴秀吉《はしばひでよし》と対立し、「三木《みき》城の干殺《ほしごろ》し」とよばれる兵糧《ひょうろう》攻めにあう。城内は死者の人肉を食らうほどの事態に陥り、秀吉に将兵の助命を嘆願。一族とともに自刃する。

不明

松永久秀《まつながひさひで》

生没 1510（永正7）～1577（天正5）
別名 道意
官職 弾正忠、弾正少弼、山城守、幕府御供衆

三好長慶《みよしながよし》に仕えた武将。軍略家として頭角を現し、長慶の死後は三好一族の有力者である三好三人衆と共謀して将軍・足利義輝《あしかがよしてる》を殺害する。その後、足利義昭《あしかがよしあき》を奉じて上洛した織田信長と戦い、敗れて降伏する。信長に能力を見込まれて一度は許されるものの、たびたび信長に反意を示し、ついには攻め滅ぼされる。信長が欲した名器の茶釜《ちゃがま》「平蜘《ひらぐ》蛛《も》」を身体にくくりつけ、居城ごと爆死したと伝えられる。

摂津国

荒木村重《あらきむらしげ》

生没 1535（天文4）～1586（天正14）
別名 弥介、道薫
官職 摂津守

摂津《せっつ》国の戦国大名。織田信長の上洛にあたって、その下につく。このとき、信長が槍《やり》の先に刺した饅頭《まんじゅう》を顔色ひとつ変えずに食べ、その豪胆《ごうたん》さを気に入られたという。のちに家臣の進言を受けて毛利《もうり》氏に内通し、謀反《むほん》。信長はこれに怒り、村重の妻や子、一族郎党数百人を処刑あるいは焼殺している。その後、出家し、晩年は茶の湯を学んで、茶人として豊臣秀吉《とよとみひでよし》に仕えている。

ミニ知識

信長《のぶなが》と海外事情

日本が戦国時代を迎えていたころ、時を同じくしてヨーロッパ人たちが世界の海へ飛び出していた。いわゆる大航海時代である。彼らははるばる極東の地・日本にまで出かけてきて、鉄砲やキリスト教をはじめとするさまざまな新技術・新概念をもたらした。ここではそうした海外の事情と、日本や信長とのかかわりについて紹介する。

大航海時代の扉を開いたのは、「航海王子」の異名をとったエンリケの指揮をうけたポルトガル人である。彼らはアフリカ大陸を回ってインドに至り、さらに東南アジアへ、そしてついには日本にまでたどり着いた。彼らが最初に日本（種子島《たねがしま》）へ到来したのは一五四三年（天文《てんぶん》十二）。中国船に乗ってやってきた。この際に鉄砲が伝来されたと伝わる。一方、同じイベリア半島の国であるスペインは、コロンブスによる新大陸（アメリカ）発見を契機として西回りに探検を続け、ついにはマゼラン隊が世界一周を成し遂げている。

彼らを海外進出に狂奔させた背景には、イスラム圏を通る陸路によって入ってくる絹や香辛料など東洋の品物を独自に入手するルートの開拓や、イスラム圏に存在するとされる伝説のキリスト教国の発見などの目的があった。もちろん、キリスト教の布教もその一部である。

そのなかには黄金の国ジパング、すなわち日本の発見というものもあったようで、たとえばコロンブスなどは日本に大きな関心を払っていたらしいことが分かっている。

一方、日本側の認識はといえば、これは非常に情報不足で、あいまいなことしか知らなかった、といえる。

たとえば、日本を訪れたヨーロッパ人は「南蛮人《なんばんじん》」とよばれた。これは中華思想に基づいた「南の異民族」を示す言葉であり、彼らが東南アジアを回って「南から」やってきたことに由来しているが、日本人に正確な世界認識があればそもそもこのようなよび方は成立しなかったであろう。

それでは、信長の世界認識はどのようなものだったのだろうか。尾張《おわり》にいたころの彼は、他の日本人と同じような認識しかもっていなかったに違いない。しかし、上《じょう》洛《らく》して宣教師たちと出会い、その持ち前の好奇心や宗教政策上の事情もあって彼らと積極的に交流していった信長は、ヨーロッパ人たちの話や、彼らより献上された地球儀などから海外の知識を得ていった。

信長はヨーロッパ人たちと話すことを好み、南蛮ものの衣服などを好んで身に着けた。「世界が丸い」ことを家臣のだれもが理解できなかったのに、信長ひとり「理にかなう」と認めた――という有名なエピソードも、信長の優れた理解力と常識にとらわれない発想力を示している。

終末期「本能寺に死す」

5章

包囲網を打ち破り、足利義昭を追放した信長は、いっきに勢力を拡大していく。各地方の大大名による反抗や、配下の大名たちの反乱、さらには上杉謙信を中心とする第二次信長包囲網などの問題はあったものの、信長はそれらすべてを排除し、天下へあと一歩と近づいた。しかし、そこに本能寺の変が起きた。

1574

長島《ながしま》一向《いっこう》一揆《いっき》の殲滅《せんめつ》

信長《のぶなが》を苦しめる一向一揆

朝倉《あさくら》氏を滅ぼした後、信長は朝倉の重臣であった前波吉継《まえばよしつぐ》に越前《えちぜん》全域の支配をゆだねていた。ところが、この吉継が同じ朝倉旧臣の富田長繁《とみたながしげ》に殺される。しかも、その長繁が利用したはずの一向一揆に倒され、越前は一向衆《いっこうしゅう》の支配下におかれてしまう。

これに時期を合わせて、各地の一揆や武田《たけだ》氏などが活発化するなか、信長は伊勢《いせ》長島の一向一揆にねらいを定めた。この一揆は信長が三度にわたって攻撃したにもかかわらずすべてをはねのけた。それどころか手痛い逆撃を受けて弟の信興《のぶおき》を失うなど、信長の天敵だったのである。

信長による皆殺し

一五七四年（天正二《てんしょう》）、大軍を率いて長島に向かった信長は、いくつかの城を落として門徒たちを長島城へ追いやると、さらに包囲を固めて兵糧攻めにした。一か月半がたち、ついに長島城は降伏する。その条件は、籠城《ろうじょう》している者たちの助命だった。

しかし、舟で退散しようとする一揆の者たちを、織田軍の一斉射撃が襲った。ところがこれは一揆勢による手痛い反撃を招き、さらに信長は怒り狂って残された二つの城に火を放ち、全員を焼き殺してしまった。残酷な結果ではあるが、こうして信長は長島一向一揆を滅ぼしたのだ。

豆知識

長島と願証寺《がんしょうじ》の役割

木曾《きそ》川《がわ》・長良《ながら》川《がわ》・揖斐《いび》川《がわ》の三つの川の合流地点は、川が複雑に入り組み、網の目のように中州が散らばっていた。そのなかの最も大きい中州が長島で、そこにある願証寺が長島一向一揆の本拠地だった。

長島とその周辺の中州には多くの城壁が造られ、アジールを形成していた。アジールというのは、慣習的あるいは法律的に認められた平和領域のことで、稲葉山城《いなばやまじょう》を落とされた斎藤龍興《さいとうたつおき》のほか、故郷を追われた武士や罪人たちも逃げ込んでいる。

長島一向一揆の殲滅

越前が陥落、石山本願寺が再度挙兵と、一向一揆に苦しめられる信長は、
大軍によって伊勢長嶋の一揆を皆殺しにした。

①再び危機へ

信長は元号を「天正」と変え、織田《おだ》政権の構築にとりかかっていた。ところが、そこで事件が起きる。朝倉氏滅亡後の越前を任せていた朝倉旧臣・前波吉継が、元同僚の富田長繁に殺されてしまったのである。しかも、その長繁も一向宗に殺され、越前を一向一揆の支配地に変えられてしまったのである。加えて武田勝頼《かつより》や石山本願寺《いしやまほんがんじ》などの諸勢力も動き出して、再び信長を脅かし始めたのである。

越前一向一揆
越前
大野郡
織田信長
美濃
岐阜城
尾張
長島
伊勢
摂津
本願寺
石山

③信長の「根切り」

４度目の長島一向一揆攻めにおいて、信長はまずいくつかの城を攻め落とすと、兵糧攻めに切り替えた。追いつめられた一揆勢は助命を条件に降伏することになったが、退去する一揆勢を、突如として信長軍の銃撃が襲った。信長が約束を破ったのだ。これに対して一揆勢は信長の本陣に向かって最後の反撃を敢行し、多数の織田一族衆を討ち取った。これがさらに信長の怒りに火を注いだのか、残っていた２つの城に火を放ち、２万人すべてを焼き殺してしまった。

②長島一向一揆との因縁

なかでも信長にとって頭痛の種だったのが、伊勢長島の一向一揆だった。信長はこれを 1567 年、1571 年、1572 年の３度攻撃したが滅ぼすことができず、それどころか 1570 年には弟の信興が攻められ、切腹に追い込まれてしまった。1571 年の攻撃はその復《ふく》讐《しゅう》という意味合いも大きかったろうが、５万の兵で攻めたにもかかわらず敗れてしまった。

1575

長篠《ながしの》の戦い

勝頼《かつより》の蠢動《しゅんどう》

武田《たけだ》信玄《しんげん》の死後、その後を継いだ勝頼は、盛んに外征を繰り返していた。東美濃《みの》に入って明智城《あけちじょう》を、さらに遠江《とおとうみ》の高天神城《たかてんじんじょう》を攻め落として、その武名を上げていたのである。これに対して信長《のぶなが》は、中央での戦いに手いっぱいであり、徳川家康《とくがわいえやす》は信玄によって勢力を削られたままで、なかなか対応することができなかった。

そんななか、勝頼が新たな目標に選んだのは、三河《みかわ》の長篠《ながしの》城だった。この城は三河の要所といえる位置にあり、一度は信玄が攻め取り、再び家康が取り返していたのだ。家康は長篠城の防備を固めた。

織田《おだ》・徳川連合軍の大勝

一五七五年（天正《てんしょう》三）、圧倒的な兵力の武田軍に囲まれ、長篠城は落城寸前に追い込まれてしまう。そこで家康は信長に援軍を要請、武田軍と徳川・織田連合軍は、城の西方に位置する設楽ヶ原《したらがはら》で激突した。

この戦いにおいて、信長は陣の前に土塁《どるい》を築き、さらにその前に馬防《ばぼう》柵《さく》を立てた、とされる。この野戦築城という発想によって武田軍の突撃をくい止め、当時としては大量の、三千丁ともいわれる鉄砲によって激しく攻撃を加えた。これによって武田軍は壊滅し、多くの武将たちを失ってしまうことになった。

歴史の真実

武田騎馬軍団はあったか？

長篠の戦いでは、信長の新戦術・鉄砲隊対武田軍の旧戦術・騎馬隊の図が定着していた。しかし、これは新戦術を強調するため、武田軍の旧戦術を象徴する騎馬隊という存在をつくったとも考えられる。

また、否定の根拠として、このころの戦いで独立した騎馬部隊などは存在しなかったことや、当時の馬は小柄なため、戦闘に用いるのは無理だということが挙げられた。これらの論証は多くの賛同者を得て、最近では従来の論が語られることは少なくなった。

長篠の戦い

父の後を継いだ武田勝頼はたびたび外征を繰り返し、
これに対し織田・徳川連合軍が長篠の戦いで迎え撃った。

織田信長

畿内《きない》の諸勢力や一向一揆《いっこういっき》との戦いに忙しく、勝頼の攻撃に対応できない。

美濃方面へ進出し、明智城などを奪い取る。

武田勝頼

内部に不和を抱えつつも、構造改革と対外進出を繰り返す。

徳川家康

武田信玄の西上時に遠江・三河の国人《こくじん》たちへの影響力を失ったまま。

遠江の高天神城を落とし、さらに三河の長篠城をねらう。

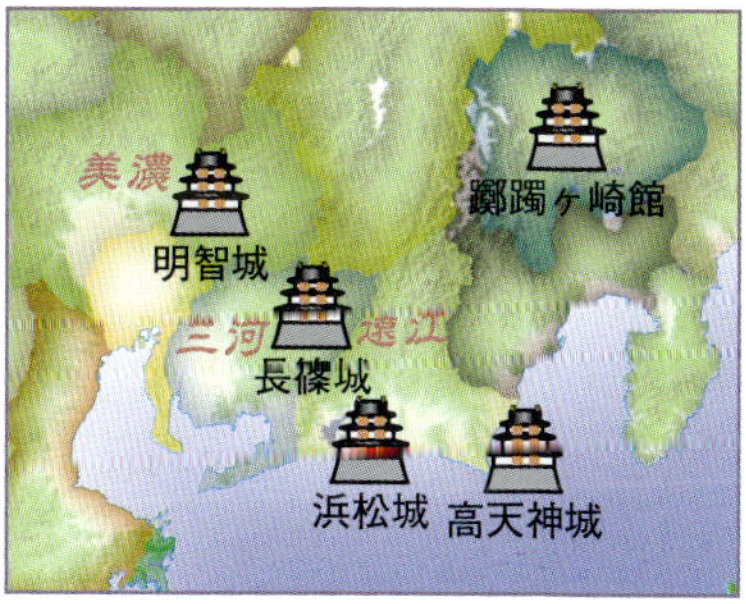

長篠の戦い

長篠城を攻める武田軍と、救援にやってきた徳川軍＆その援軍の織田軍が、城の西に広がる設楽ヶ原で激突する

信長は柵と川、地形を利用した土塁で武田軍の突撃を阻み、大量の鉄砲で徹底的に打ちのめした！

いわゆる「三段撃ち」ではなかったようだが、戦術として非常に斬新《ざんしん》だった。

信長《のぶなが》に影響を与えた人々

沢彦宗恩《たくげんそうおん》

生没 ?～1587（天正15）
別名 不明
官職 不明

信長に仕えた禅僧。平手政秀《ひらてまさひで》とも親交があり、彼が自分の死に際して事後を頼んだ人物とされる。また、信長が建立した政秀寺《せいしゅうじ》の住職も務める。中国の故事を説き、美濃《みの》国の稲葉山《いなばやま》城に入った信長に「岐阜《ぎふ》」の地名や、「天下布武《てんかふぶ》」の印章の使用を勧めたという。

ルイス・フロイス

生没 1532（天文元）?～1597（慶長2）
別名 不明
官職 なし

信長と親交のあったイエズス会の宣教師。日本で見聞きしたことをまとめて『日本史《にほんし》』を著し、当時の世相を今に伝える。信長に関する有力な史料としても名高い。信長に西洋文化を伝え、さまざまな品物を贈って、その考え方に大きな影響を与えた人物のひとり。

尾張国

織田信秀《おだのぶひで》

生没 1511（永正8）?～1551（天文20）
別名 三郎
官職 弾正忠、備後守

信長の父。尾張守護代《おわりしゅごだい》の織田大和守《やまとのかみ》家の庶流《しょりゅう》に当たる血筋に生まれ、三奉行のひとりとして仕える。しかしのちに主君の尾張守護代・織田達勝《たつかつ》と争い、今川氏豊《いまがわうじとよ》から那古野《なごや》城を奪うなどして、尾張国の実質的支配に乗り出す。また、隣国の美濃《みの》国にも手を伸ばすが、斎藤道三《さいとうどうさん》に阻まれ、信長と道三の娘・帰蝶《きちょう》（お濃《のう》）の婚姻によって和睦《わぼく》する。尾張、美濃を手中にせんと奮闘するも果たせず、病没。

尾張国

平手政秀《ひらてまさひで》

生没 1492（明応元）～1553（天文22）
別名 清秀、五郎左衛門、堅物
官職 中務丞

織田信秀の家臣。その嫡男・信長の傅役《もりやく》として仕え、元服《げんぷく》に立ち会い、初陣《ういじん》にも同行する。また、帰蝶（お濃）との婚姻も取りまとめた。「うつけ者」と評された信長の行状を嘆き、これを諫《いさ》めるために切腹したとされる。信長はその死を悼み、沢彦宗恩に命じて領内に政秀寺を建立し、政秀の菩提《ぼだい》を篤《あつ》く弔った。信長が政秀の子が所有する名馬を欲し、断られたため、政秀が切腹に追い込まれたという説もある。

1576～79

安土城《あづちじょう》の築城

建造経緯と地理的条件

一五七五年（天正《てんしょう》三）に嫡子の信《のぶ》忠《ただ》に織田《おだ》家の家督と岐阜城《ぎふじょう》を譲った信長《のぶなが》は、翌年から安土城の築城を始めた。この地を選んだのは、京に近いこと、東山道《とうさんどう》（中山道《なかせんどう》）・東海道《とうかいどう》・北国街道《ほっこくかいどう》の三つの街道につながっていること、琵琶湖《びわこ》に面しているので水運が利用できることなど、格好の立地条件を備えていたからである。

丹羽長秀《にわながひで》を奉行《ぶぎょう》として、尾張《おわり》や美《み》濃《の》などから武士たちが、京や奈良などから大工や諸職人が動員され、築城が始められた。安土城は総石垣造りの城で、この大規模な石垣の上に天主《てんしゅ》（天守閣《てんしゅかく》）が建てられた。

天主と安土の町

完成した七層の天主は、はで好きな信長らしい豪華絢爛《ごうかけんらん》なものになった。てっぺんには金の鯱《しゃち》、最上階は柱などが金色に彩られていた。内部の襖《ふすま》にはさまざまな絵が描かれ、絵の代わりに金泥《きんでい》の施された襖を入れた部屋もあった。

城郭の建設と並行して、城下町の整備も進められた。信長は楽市《らくいち》・楽《らく》座《ざ》を規定したほか、城下町の住人は普請《ふしん》や伝馬《てんま》の労役を免除されるなどのさまざまな優遇策をとった。これにより商人や職人をよび集め、城下町を繁盛させるという信長のねらいは、見事に成功するのだった。

歴史の真実

安土に天皇を？

近年になって開始された徹底的な発掘調査により、天主のすぐ近くに、御所《ごしょ》の清涼殿《せいりょうでん》によく似た建物跡が見つかった。「御幸《みゆき》の間《ま》」とされるこの建物は、天皇の行幸《ぎょうこう》に備えた建物だったと考えられる。

さらに、安土城の大手道《おおてみち》は城下町とは直結せず、日ごろはまったく使われた形跡がない。このことから、大手道は天皇一行のみが進むための道ではないかと推測される。

しかし、天皇側の譲位問題などで、天皇を迎える計画は結局間に合わなかったようだ。

安土城の築城

包囲網によって苦しめられる中、信長は琵琶湖のほとりに革新的な城を築き、
岐阜に代わる新たな本拠地にしようとした。

③城下町の繁栄

山のふもとには城下町が築かれた。羽《は》柴秀吉《しばひでよし》をはじめとする家臣団の屋敷が築かれ、さらに職人・商人などが多く移り住んだ。信長はいわゆる楽市・楽座だけでなく「この近辺を通る者はかならず安土で一泊すること」などの優遇策をとってこの町を大いに発展させた。当時信長に接触してきていたキリスト教宣教師のためにセミナリオ（神学校）をつくるなど、国際色に配慮していたところも見逃せない。

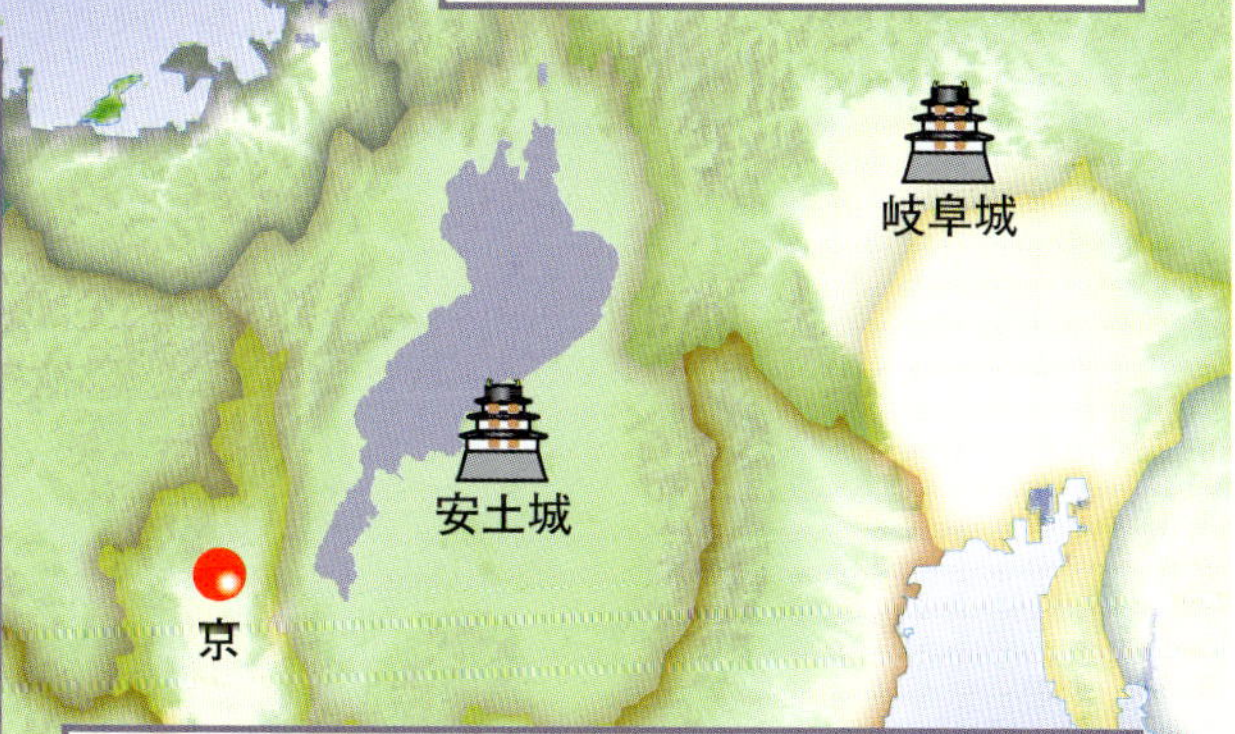

②壮大できらびやかな「天主」

安土城がほぼ完成したのは1579年のこと。山の上に7層（地下の土蔵を含む）の巨大な天守閣が築かれ、とくに「天主」とよばれた。内部には金箔《さんはく》の上に絵が描かれた襖や、絵のない代わり金泥が施された襖が並び、とくに最上階は内外すべてが金に彩られ、四方の柱や天井にさまざまな絵が描かれたというから、圧倒的なまでの豪華絢爛さである。これらの絵はおもに中国の古典を題材とし、狩野永徳《かのうえいとく》一門が一手に引き受けた。

①織田政権の新たな象徴

1575年末に嫡男の信忠に織田家の家督と岐阜城を譲った信長は安土の地に、新たな拠点となる城の建設を始めさせた。これが織田政権の象徴・安土城である。この地は京都にも岐阜にもほど近く、しかも琵琶湖に面していて水上交通が利用できることから、その日のうちに京都へ行けた。さらに東海道・東山道（中山道）・北国街道の３つの街道が通っているために、交通の便が非常によかった。これは経済的にも軍事的にも非常に大きな意味があったのである。

第二次信長《のぶなが》包囲網

足利義昭《あしかがよしあき》の扇動

信長によって京を追放された足利義昭は、備後《びんご》・鞆《とも》の浦《うら》で毛利《もうり》氏の庇護を受けつつ、再び信長に対抗するべく動き出していた。毛利輝元《てるもと》・上杉《うえすぎ》謙信《けんしん》らをしきりと扇動したのである。

毛利氏はようやく支配下に置いた中国地方の安定化に精いっぱいで、当初はこれを迷惑がっていた。しかし、信長が但馬《たじま》や播磨《はりま》、備前《びぜん》といった両者の均衡地帯にまで手を伸ばし始めると、信長と対決せざるをえなくなった。この事情は信長と同盟を結んでいた謙信も同じで、北陸に進んできた織田《おだ》氏の勢力を撃退しなければならなかったのだ。

第二次包囲網の結成

義昭は毛利氏に信長と戦うことを決断させるとともに、石山本願寺《いしやまほんがんじ》に働きかけて、北陸の一向一揆《いっこういっき》と謙信の間に講和を結ばせる。さらに武田《たけだ》勝頼《かつより》・北条氏政《ほうじょううじまさ》といった以前からの謙信の宿敵たちとの関係を取りもつことまでした。これで背後の脅威がなくなった謙信は、信長との同盟を破棄して、毛利氏や本願寺、武田氏といった勢力とともに第二次信長包囲網を形成したのである。

第一次包囲網の際にも謀反して、その後許されていた松永久秀《まつながひさひで》を始め、多数の大名が信長に謀反し、この包囲網に参加したことも見逃せない。

豆知識　室町《むろまち》幕府は滅亡したか？

義昭は京を追われたが、将軍という肩書きを失ったわけではなかった。その後も公方《くぼう》（将軍）とよばれており、「鞆《とも》幕府」ともよべる亡命政権を形成していた。そのため、義昭の追放時点では室町幕府はまだ滅亡していなかったとする見方もある。包囲網を形成できたことからも、ある程度の影響力はあったのだろう。

しかし、一般には「義昭が地方に落ちのびて実権を失った時点で、室町幕府は滅亡したと考えるべきだ」という意見のほうが強いようだ。

第二次信長包囲網

信長によって京より追いやられていた足利義昭は毛利氏を頼り、
上杉謙信らによびかけ、再び包囲網をつくりあげる。

信長に京を追放された義昭は河内《かわち》・紀伊《きい》を経て備後・鞆の浦で毛利氏の保護をうけつつ、亡命政権をうち立てていた。

↓

将軍　足利義昭

本願寺や武田氏だけでなく、信長と対立していない毛利氏や同盟していた上杉氏も巻き込んで、今度こそ信長を倒そう！

↓

1576～78年ころの勢力配置

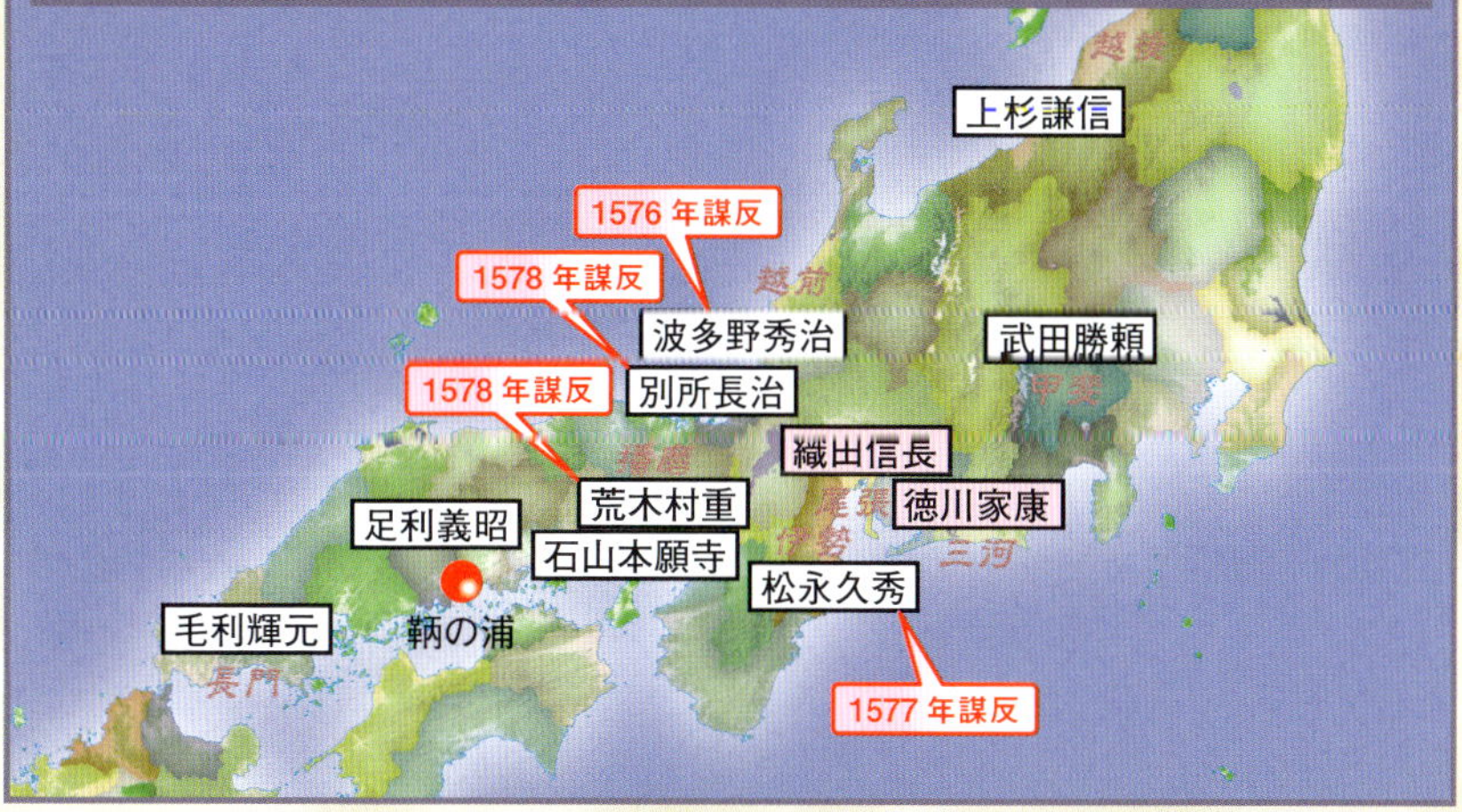

一度信長の傘下に入っていた大名たちも裏切って、再び信長を包囲する！

1577〜78

手取川《てどりがわ》の戦いと謙信《けんしん》の死

信長《のぶなが》と謙信の対立、能登《のと》侵攻

信長と決別した上杉《うえすぎ》謙信が目ざしたのは能登守護《しゅご》・畠山《はたけやま》氏の本拠地、七尾城《ななおじょう》の攻略だった。畠山氏の実権は家臣団に移っており、その家臣たちも上杉派と織田《おだ》派に分裂していた。それでも謙信の攻撃によく耐えたため、なかなか落城させることができず、謙信はいったん越後《えちご》に帰り、翌年再び七尾城を攻めた。

一五七七年（天正《てんしょう》五）、七尾城内の織田派が信長に援軍を求めたので、信長は柴田勝家《しばたかついえ》を大将とし、羽柴秀吉《はしばひでよし》や滝川一益《たきがわかずます》らの精鋭部隊を派遣した。しかし秀吉が意見対立のすえ勝手に戻るなど、問題も起きた。

手取川の戦いと謙信の死

それでも織田軍は能登への進軍を続けたが、その間に七尾城では上杉派が織田派を粛清し、開城してしまった。その知らせを聞いた織田軍は撤退しようとしたが、手取川を渡るところで上杉軍が攻めかかってきて、さんざんに打ち破られてしまった。

こうして能登を平定した謙信は越後に引き上げ、新たな遠征を構想し始める。この侵攻の目的は西上とも、関東出陣だったともいわれているが、どちらにせよ謙信がそれを実現する前に、七八年、脳内出血とされる急病で没してしまうため、真相ははっきりとしていない。

エピソード

謙信の勘違い？

この手取川の戦いはさまざまな事情があって上杉軍の快勝に終わったわけだが、どうやら謙信は信長がじきじきに出陣してきたものだと思っていたらしい。その証拠として、現存している謙信の書状に、このときのことをさして「信長がやってきたが、思ったよりも弱かった。この分だと京まで行くのもそんなに難しくはなさそうだ」といった意味のことが書かれている。もし謙信が実際に信長と激突したらどうなったのか、その答えはもはや計りようがない。

手取川の戦いと謙信の死

上洛《じょうらく》に向けて西への進出を始めた上杉謙信に対し、
信長も配下の軍勢を送ったが敗れてしまう。しかしその謙信も病に倒れる。

①能登畠山家の危機

上杉謙信がまず目を向けたのは、三管領《かんれい》家のひとつ・畠山氏の分家が守護を務める能登だった。このころ、能登畠山家では家臣団が織田派と上杉派に分裂していた。そこで謙信は七尾城を攻めたが落とせず、一度態勢を整えて再出陣することになった。この動きに対して、七尾城内の織田派が信長に援軍を求めると、信長はこのころ越前や加賀で一向一揆《いっこういっき》と戦っていた柴田勝家らの北陸方面軍に羽柴秀吉・明智光秀《あけちみつひで》・滝川一益・丹羽長《にわなが》秀《ひで》といった有力武将をつけて、七尾城救援のために出陣させた。

②織田軍の混乱、上杉軍の猛撃

ところが、織田軍の前途は暗かった。大将である勝家と応援武将のひとりである秀吉が意見を対立させたあげく、秀吉が途中で勝手に戻ってしまったのである。それでも織田軍は能登に向かって進んだが、そうこうしているうちに七尾城内では上杉派によって織田派が粛清され、謙信の手に落ちた。これを知った勝家らは撤退を始めたものの、その背後に上杉軍が迫る。加賀《かが》の手取川を渡る直前で織田軍は上杉軍に追いつかれて散々に打ち破られ、折からの雨で増水していた川に多くの織田軍兵士が流されてしまったという。

③謙信死す

手取川の戦いで織田軍に手痛い被害を与えた謙信は、季節が旧暦の9月と雪によって交通が阻害される時期になってきたために一度越後に戻り、改めて翌年の大遠征に向けての準備を始めた。ところが翌78年初め、謙信は急死してしまうのである。死因は脳内出血と考えられている。信長は信玄に続いて謙信とも直接対決することなくその脅威から逃れたのである。

中国方面への進出

秀吉《ひでよし》の播磨《はりま》侵攻

一五七七年（天正《てんしょう》五）、毛利《もうり》氏と対決する覚悟を固めた信長《のぶなが》は、織田軍団の出世頭である羽柴《はしば》秀吉を中国方面の総司令官に抜擢《ばってき》し播磨へ送り込んだ。秀吉は姫路城《ひめじじょう》に入ると播磨の大半の武将から人質をとり、あらためて信長方に取り込んでいく。さらに但馬《たじま》にも進出する一方、播磨の上《こう》月城《づきじょう》を開城させて尼子《あまご》氏の残党を入れ、毛利氏に対する押さえとした。

ここまでは順調だったが、有力武将の別所長治《べっしょながはる》が反旗を翻すと状況は一変する。播磨の諸将がいっせいにこれに同調し、毛利氏も攻め込んできて上月城を落としてしまったのだ。

三つの城攻めで見せた秀吉の活躍

追いつめられた秀吉だったが、毛利軍の最前線を務めていた備前《びぜん》の宇《う》喜多直家《きたなおいえ》が秀吉側に寝返ったことで、再び流れは変わる。秀吉はまず別所長治がこもる三木《みき》城の補給を断って「三木城の干殺《ほしごろ》し」とよばれる兵糧攻めを試み、城を落とした。次に鳥取《とっとり》城にねらいを定めた秀吉は、やはり兵糧攻めでこれを落とす。米の買い占めも行ったうえでのこの作戦を、「鳥取城の渇殺《かつえごろ》し」という。さらに備《びっ》中《ちゅう》へ進出すると、高松《たかまつ》城を水攻めにした。この「高松城の水攻め」に対し、毛利氏からも援軍が出たが手が出せず、戦況は膠着《こうちゃく》した。

豆知識

尼子残党の事情

出雲《いずも》の尼子氏はもともと周《す》防《おう》の大内《おおうち》氏と並んで、中国地方の二強と称される強力な戦国大名だったが、毛利元就《もとなり》によって攻め滅ぼされていた。

その一族であった勝久《かつひさ》は、遺臣・山中鹿之助《やまなかしかのすけ》らに擁立《ようりつ》されて尼子氏再興を図っており、織田氏に見いだされて上月城に入ったのだ。彼らが危機に陥ると、秀吉は京まで出向いて、信長に直接援軍要請をする。だが、信長の返答は「軍を収めて別方面を攻略せよ」というものだった。上月城と尼子残党は見捨てられたのだ。

中国方面への進出

信長の命で中国方面の司令官となった羽柴秀吉は、
国人《こくじん》たちの反抗や毛利氏の抵抗に苦しみつつ、西へ勢力を広げていく。

①順調に見えた中国侵攻

足利義昭《あしかがよしあき》の要請に応じて石山本願寺《いしやまほんがんじ》への支援を続ける中国の覇者・毛利輝《てる》元《もと》は、信長にとって大きな懸念のひとつだった。そこで1577年、信長はこのころ「羽柴」と名のるようになっていた秀吉を送り込み、毛利氏の勢力の切り崩しを始めさせた。秀吉はまず播磨に入って小寺《こでら》氏や別所氏などのこの地方の有力者を従え、さらに但馬にも進出した。また、のちに側近となる黒田官兵衛《くろだかんべえ》（当時は小寺氏の家臣）の姫路城を提供させてここを中国侵攻の拠点とし、さらに毛利氏に滅ぼされていた尼子氏の残党を上月城に入れて毛利氏への抑えとした。ここまでは秀吉の中国侵攻は順調であった。ところが、三木城の別所長治が裏切り、さらに毛利氏も播磨へ侵攻してきて上月城を攻め落とされ、秀吉は追いつめられてしまう。

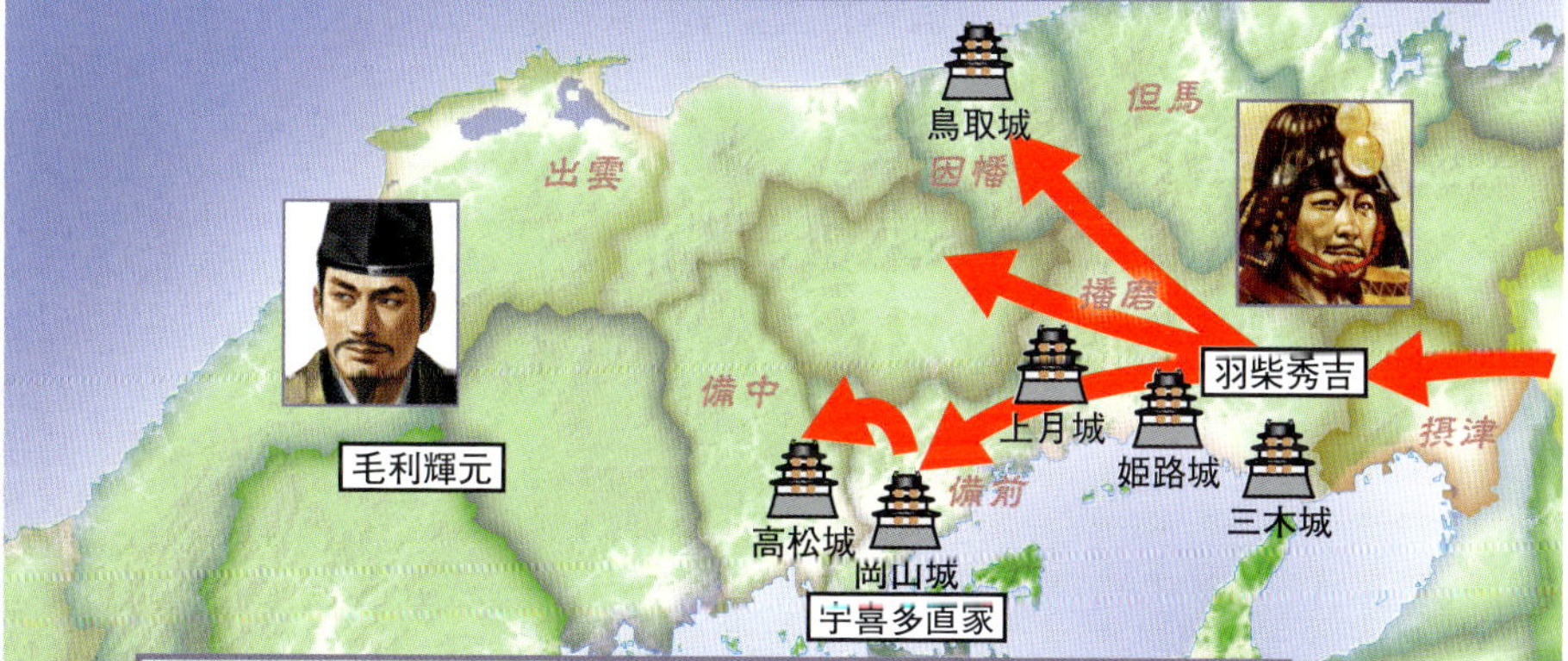

②城攻めの達人・秀吉

この時期、摂津の荒木村重《あらきむらしげ》も謀反を起こしたので状況は悪化したが、岡山城主の宇喜多直家が秀吉側についたことでまた流れが変わった。秀吉は「三木城の干殺し」とよばれる兵糧攻め作戦によって三木城を落とすと、再び但馬へ、さらに因幡《いなば》へと進出する。ここでは吉川経家《きっかわつねいえ》のこもる鳥取城を取り囲み、兵糧攻めで陥落させた。これを「鳥取城の渇殺し」という。備前の岡山城から宇喜多直家の軍勢を加え、備中へと進出した秀吉は、高松城にこもる清水《しみず》宗治《むねはる》に対して水攻めを行い、城を水浸しにしたうえでの兵糧攻めを試みた。いわゆる「高松城の水攻め」である。ここに毛利軍の援軍もやってきたが手出しができないまま時間が過ぎ、一方の秀吉は信長に援軍を要請している。

北陸方面での苦闘

一向一揆《いっこういっき》による激しい抵抗

上杉謙信《うえすぎけんしん》によって挫折《ざせつ》しかけた織《お》田《だ》軍の北陸侵攻は、謙信の死で新たな段階へと進んだ。上杉氏は謙信の養子たちの後継者争いで、外へ目を向ける余裕はなかったのだ。

一五七六年（天正四《てんしょう》）より信長によって北陸方面を任せられていた柴《しば》田勝家《たかついえ》は、加賀《かが》の南部を押さえたものの、一向一揆の激しい抵抗で膠着《こうちゃく》状態に陥っていた。しかし、一五八〇年（天正八）になってようやく戦いを有利に進められるようになり、この年のうちに一向一揆勢力の殲滅《せんめつ》に成功する。百年近く「一向衆《いっこうしゅう》の国」だった加賀が落ちたのだ。

能登《のと》へ、そして越中《えっちゅう》へ

北陸方面軍の進軍は続く。能登方面ではもともと織田派だった畠山《はたけやま》氏の家臣の協力もあって平定が順調に進み、勝家の与力《よりき》である前田利家《まえだとしいえ》にこの地が与えられた。

一方、越中方面も佐々成政《さっさなりまさ》による侵攻が進んだ。この時期、名目上越中はすでに彼の領地だったが、平定はまだだった。しかし、そこに後継者争いに勝利した上杉景勝《うえすぎかげかつ》が越中の支配権を取り戻すべく進出してきたので、両軍は激しく争うことになった。そして、北陸方面軍が激戦のすえに魚津城《うおづじょう》を攻め落とした翌日、本《ほん》能寺《のうじ》の変の知らせが届いたのだ。

豆知識 一揆への激しい弾圧

勝家率いる織田軍は、一揆の幹部たちの首を安土《あづち》に送っている。送られた十九人の首は、安土の町中にさらされた。

勝家が越中・能登に攻め込んだのは、信長と石山本願寺《いしやまほんがんじ》との講和が成立した月である。この講和を結ぶ際、信長は加賀の返還を本願寺に約束している。この動きが、かえって勝家たちの戦意を駆り立てたのではないかと考えられている。つまり、返還される前に加賀を攻め取り、北陸の一向一揆を滅ぼしてしまおうとしたのだろう、というわけだ。

北陸方面での苦闘

北陸方面を任せられた柴田勝家はしぶとく抵抗し続ける一向一揆や
上杉氏に手を焼きながらも勢力を拡大していった。

②加賀一向一揆に苦戦する

しかし、勝家の北陸平定は順調にはいかなかった。加賀の一向一揆が非常に頑強に抵抗し、その後数年にわたってなかなか戦線を先に進めることができなかったのだ。しかし1580年、石山合戦《いしやまかっせん》が和睦《わぼく》で終わった年になると、勝家も加賀一向一揆を追いつめ、ようやくその年の末になって鎮圧に成功した。

①柴田勝家の北陸方面軍

信長は1575年に自ら大軍を率いて越前一向一揆を殲滅して越前を取り返した。さらにこの勢いで何十年も一向一揆に支配されている加賀にも進出し、その南半分を奪取している。信長は当初、加賀を簗《やな》田《だ》広正《ひろまさ》に、越前の大部分を柴田勝家に任せたが、やがて勝家が北陸地方の平定を任せられることになった。これに前田利家・佐々成政ら越前に領地を与えられた武将たちが与力としてつけられた。

③能登・越中の平定

能登方面では北陸方面軍による平定が進んで、1581年には利家に加賀一国が与えられた。さらに成政らの軍勢が越中への進出を進めており、平定は未完ながらも成政に越中一国が与えられた。そんななか、このころには謙信の後継者をめぐる争いに勝利していた上杉景勝が越中奪還に向けて動き、戦線は一時膠着化した。しかし、やがて勝家ら北陸方面軍が上杉軍を押し、1582年には魚津城を取り囲んだ。

近畿地方の鎮圧

丹波《たんば》攻め

一五七五年（天正《てんしょう》三）、信長《のぶなが》は明智《あけち》光秀《みつひで》に丹波の平定を命じた。このころの丹波では守護《しゅご》の一色《いっしき》氏に代わり、赤井《あかい》氏と波多野《はたの》氏が台頭していた。しかし、光秀が丹波に入る前に波多野氏が降伏してきたので、敵は赤井氏に絞られた。戦いは順調に進むかと思われたが、突然に波多野秀治《ひではる》が光秀に背いたため、いったん退かざるをえなくなってしまった。

光秀が丹波平定戦を再開したのは三年後のことだ。光秀は籠城《ろうじょう》戦のすえに秀治がこもる八上城《やがみじょう》を落とし、この時期には衰退していた赤井氏も滅ぼして、丹波平定を完了させた。

遊撃軍としての光秀軍団

光秀の近畿方面軍は、当時の織田《おだ》軍における代表的な遊撃軍であった。丹波平定のみがその役割だったわけではない。南方で播磨《はりま》の別所長治《べっしょながはる》が離反し、続いて摂津《せっつ》の荒木村重《あらきむらしげ》が謀反を起こした際にも、丹波に兵を残しながら播磨・摂津方面の戦場に赴いた。さらに丹波平定戦の総仕上げと並行して、丹後《たんご》の平定も行った。

これらの功績を評価された光秀は一五八〇年（天正八）、近江《おうみ》の領地に加えて丹波を与えられ、さらに丹後・摂津の大名たちを与力《よりき》につけられて、近畿地方における一大実力者となったのである。

豆知識　荒木村重の裏切りの理由

織田軍の播磨方面・石山本《いしやまほん》願寺《がんじ》抑止の主力として働いていた村重の謀反は、中国方面への侵攻および本願寺との戦いに大きな影響を与えた。

その理由は、村重が信長に反逆心をもっているといううわさが流れたためだった、とされている。村重の配下に、信長が敵対する石山本願寺に米を売るものがいるというのだ。村重は釈明のために信長のもとへ赴こうとするが、行けば信長に殺されると部下に勧告されたため、謀反を決意したという。

近畿地方の鎮圧

足利義昭《あしかがよしあき》を見切って信長についた明智光秀は近畿地方を任せられ、
反抗勢力や謀反人の討伐に奔走することになった。

①丹波侵攻の始まり

明智光秀は近江に領地を与えられ、1575年より丹波方面の平定に従事した。このころの丹波は守護・一色氏（丹後と兼任）が勢力を失い、赤井氏と波多野氏が覇を競っていた。そこに織田軍が進出すると波多野秀治が降伏してきたので、光秀は当主の叔父にあたる荻野直正《おぎのなおまさ》を中心とする赤井氏を敵に戦うことになった。この戦いは当初順調に進んだが、波多野氏の裏切りによって態勢の立て直しを余儀なくされてしまう。

②遊撃軍として

光秀は丹波平定にだけ専念していたわけではなかった。1576年には本願寺《ほんがんじ》攻めに駆り出されているし、1577年に一向宗《いっこうしゅう》と手を組んでたびたび信長を苦しめていた雑賀衆《さいかしゅう》討伐や、2度目の反乱を起こしていた松永久秀《まつながひさひで》の討伐に参加している。1578年に播磨の別所長治および摂津の荒木村重が反乱したときにも、その鎮圧に軍を動かした。1579年の手取川《てどりがわ》の戦いに参加していることも考えると、信長は光秀とその軍団を遊撃軍としてとらえていたと思われる。

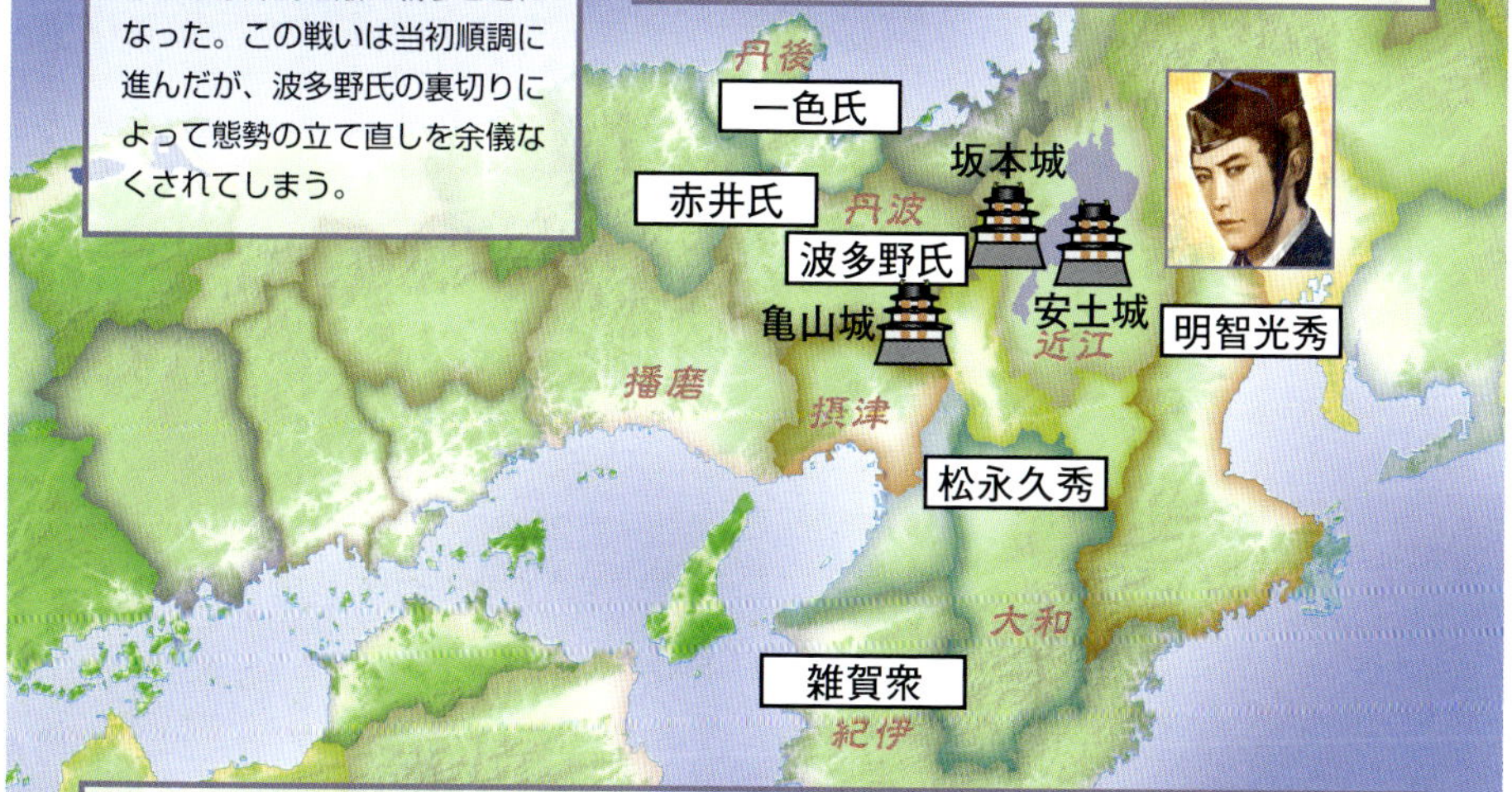

③丹波平定の完了

光秀が再び丹波平定に着手したのが1578年のことである。すばやく失っていた占領地を回復した光秀は波多野秀治の八上城を取り囲み、1年半にわたる長期戦のすえにこの城を落した。また、このころには赤井氏も直正の病死で勢いを失っており、間もなく光秀が攻め滅ぼした。さらに同時期に丹後・一色氏も平定している。これらの活躍が評価され、光秀はもともとの近江の領地に加えて丹波を与えられ、さらに丹後の細川藤孝《ほそかわふじたか》・大和の筒井順慶《つついじゅんけい》を与力大名としてつけられ、五か国にまたがる近畿方面軍の司令官となったのである。

おもな人物8

信長《のぶなが》の同盟者たち

細川藤孝《ほそかわふじたか》◉

生没　1534（天文3）～1610（慶長15）
別名　万吉、与一郎、兵部大輔、幽斎玄旨、長岡藤孝
官職　兵部大輔、侍従、二位法印

文化、武芸ともに造詣《ぞうけい》の深い才人で、号から「細川幽斎《ゆうさい》」として著名。興福寺《こうふくじ》に幽閉されていた足利義昭《あしかがよしあき》を救出の後、明智光秀《あけちみつひで》らとともに信長《のぶなが》を頼り、上洛《じょうらく》する。いちじは室町《むろまち》幕府再興に励むが、その後は信長の臣下に入る。本能寺《ほんのうじ》の変では光秀の誘いを断り、剃髪《ていはつ》。

浅井長政《あざいながまさ》◉

生没　1545（天文14）～1573（天正元）
別名　新九郎、備前守、賢政
官職　不明

近江《おうみ》国の戦国大名。信長の妹・お市《いち》の方を妻とし、同盟を結ぶが、信長が朝倉《あさくら》氏を攻撃した際にこれを破棄して足利義昭を中心とした反信長勢力のひとつとなる。姉川《あねがわ》の戦いで信長と家康《いえやす》の連合軍に大敗し、徐々に追いつめられて、本拠・小谷《おだに》城にて自刃する。

徳川家康《とくがわいえやす》◉

生没 1542（天文11）～1616（元和2）
別名 竹千代、次郎三郎元信、松平元康、内府、大御所、東照大権現、東照宮、東照神君
官職 征夷大将軍、太政大臣、三河守、権中納言、権大納言、内大臣、右大臣

三河《みかわ》国の戦国大名。のちに豊臣《とよとみ》氏を打倒し、江戸《えど》幕府の初代将軍となる。幼少時は今川《いまがわ》氏の人質として過ごすが、桶狭間《おけはざま》の戦いの後、その勢力下を離れ、信長と同盟を結ぶ。以降、数々の戦いに参加し、信長の天下統一を強く助ける。信長の死後、いちじは豊臣秀吉《とよとみひでよし》の臣下に下るが、やがて全国に支配力を及ばせ、豊臣氏を滅ぼし、江戸幕府による支配体制を築き上げる。

足利義昭《あしかがよしあき》◉

生没 1537（天文6）～1597（慶長2）
別名 覚慶、義秋、昌山道休
官職 征夷大将軍、左馬頭、参議、左近衛権中将、大納言、准三宮

室町幕府の第十五代将軍。兄の十三代将軍・足利義輝《よしてる》の暗殺に際して幽閉されたが脱出。各地を転々とし、織田《おだ》信長の協力で上洛《じょうらく》、将軍職につく。しかし、幕府の権威回復を目ざして信長と対立し、京を追放される。その後は諸大名に命じて信長の打倒を図るも、上杉謙信《うえすぎけんしん》の死により企ては失敗に終わる。信長の死後も毛利《もうり》氏を頼り、復権を目ざすが、かなわぬままに死去する。

天正伊賀《てんしょういが》の乱

伊賀惣国一揆《そうこくいっき》と信雄《のぶかつ》の失敗

山に囲まれた伊賀の国人《こくじん》たちは、さして広くない国内に多数の城郭や館を造り、団結して外からの干渉を排除してきた。彼らは伊賀惣国一揆とよばれ、近畿地方のなかで唯一信《のぶ》長《なが》の勢力下に入っていなかった。

このような伊賀に対し、信長の二男・信雄が一五七九年（天正《てんしょう》七）に出兵する。しかし、複雑な地形のなかで伊賀衆の反撃を受け、老臣を戦死させるという大損害を出した。しかもこの伊賀攻めのことを、信雄は事前に信長に知らせていなかった。当然信長は激怒し、「親子の縁を切る」とまで厳しくしかりつけている。

信雄による二度目の征伐

信雄の失敗から二年後、信長は伊賀に対して四万を超える大軍を向けた。総大将は再び信雄で、四方より伊賀に攻め込む作戦に出た。一部ではすぐに降参する者もいたが、大部分の伊賀衆は勇敢に戦った。

伊賀平定戦のなかで最も激しかったといわれるのが佐那具城《さなぐじょう》の攻防戦だが、ここも織田《おだ》軍が落としてしまうと、残りは城郭を拠点とする国人たちのゲリラ戦を防ぐのみとなる。織田軍は拠点をしらみ潰《つぶ》しに破壊しながら、山中に隠れた者たちを老若男女関係なくつぎつぎに殺していった。こうして伊賀の平定も終わる。

豆知識

長男・信忠《のぶただ》の失敗

伊賀攻めで醜態《しゅうたい》をさらしてしまった信雄だが、信長が息子をしかったのはこのときばかりではない。長男・信忠《のぶただ》も父にひどくしかられたことがある。原因は芸能――能楽《のうがく》にあまりに傾倒しすぎたことだった。信長自身も茶道にはかなり熱中しているのだが、度がすぎている、と感じられたらしい。「ただ見るだけならともかく、自分でも演じて悦に入るとはどういうことか」というわけで、信忠は能の道具を取り上げられ、しばらく謹慎状態だったらしい。

天正伊賀の乱

畿内《きない》で唯一信長の支配を受けていなかった伊賀は
中小の国人による一揆の国だったが、織田信雄により征服される。

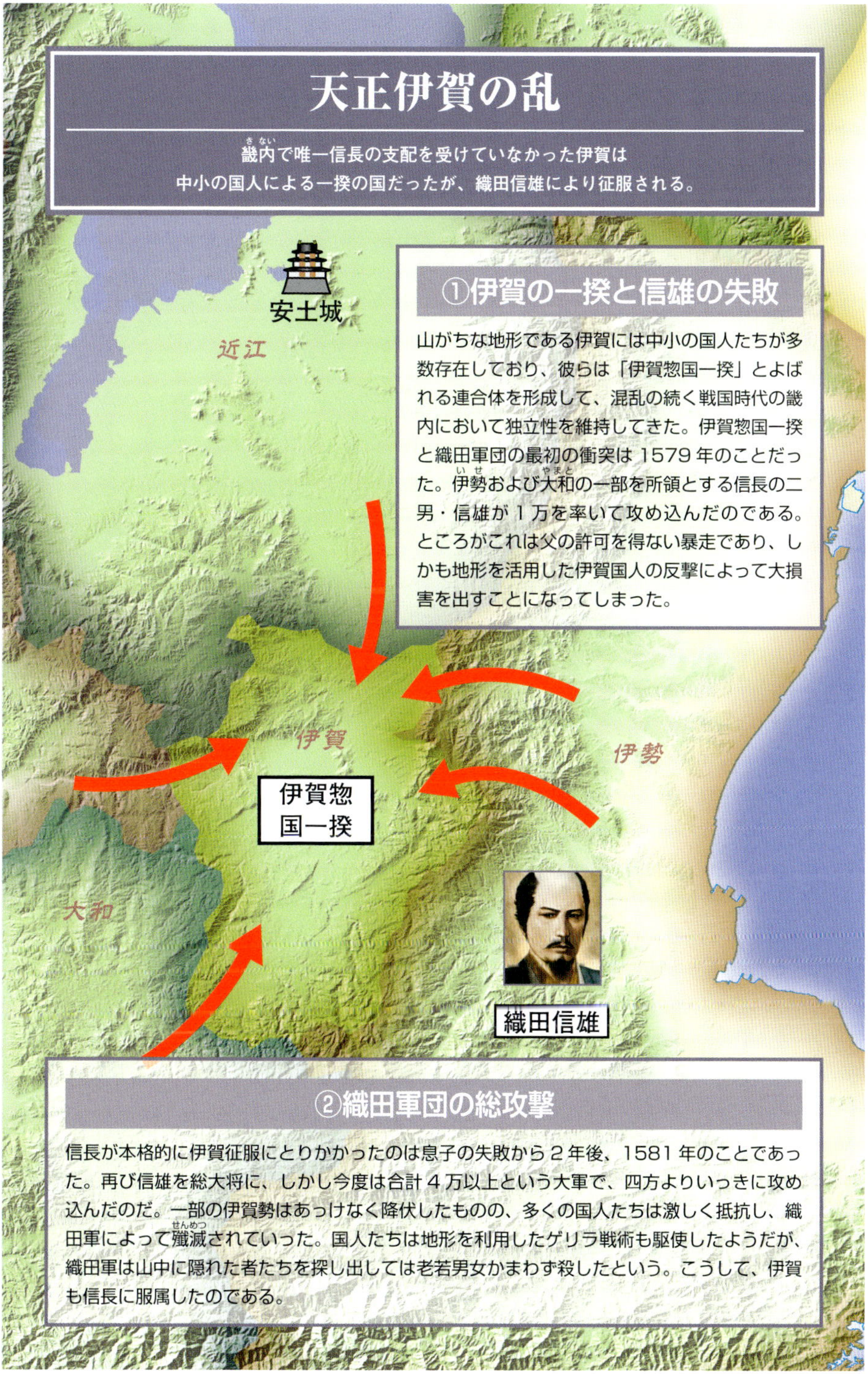

①伊賀の一揆と信雄の失敗

山がちな地形である伊賀には中小の国人たちが多数存在しており、彼らは「伊賀惣国一揆」とよばれる連合体を形成して、混乱の続く戦国時代の畿内において独立性を維持してきた。伊賀惣国一揆と織田軍団の最初の衝突は 1579 年のことだった。伊勢《いせ》および大和《やまと》の一部を所領とする信長の二男・信雄が 1 万を率いて攻め込んだのである。ところがこれは父の許可を得ない暴走であり、しかも地形を活用した伊賀国人の反撃によって大損害を出すことになってしまった。

②織田軍団の総攻撃

信長が本格的に伊賀征服にとりかかったのは息子の失敗から 2 年後、1581 年のことであった。再び信雄を総大将に、しかし今度は合計 4 万以上という大軍で、四方よりいっきに攻め込んだのだ。一部の伊賀勢はあっけなく降伏したものの、多くの国人たちは激しく抵抗し、織田軍によって殲滅《せんめつ》されていった。国人たちは地形を利用したゲリラ戦術も駆使したようだが、織田軍は山中に隠れた者たちを探し出しては老若男女かまわず殺したという。こうして、伊賀も信長に服属したのである。

1576〜78

木津川口《きづがわぐち》の戦い

第一次木津川口の戦い

一五七六年（天正四《てんしょう》）、信長《のぶなが》との間に対立と和解を繰り返していた石山《いしやま》本願寺《ほんがんじ》が再び決起した。そこで信長は佐久間信盛《さくまのぶもり》の大坂方面軍に本願寺を包囲させ、籠城《ろうじょう》戦を展開させた。

籠城三か月、本願寺の兵糧が尽きかけ、淡路《あわじ》の岩屋《いわや》に集結していた毛《もう》利《り》方の水軍が兵糧を届けるために出航、木津川口で織田水軍と激突した。織田《おだ》軍は陸上からも海上からも応戦にあたったが、毛利水軍は焙烙火矢《ほうろくびや》とよばれる手投げ爆弾を用いて織田水軍の船を多数沈めてしまった。結果は毛利水軍の大勝利となり、本願寺への兵糧輸送は成功した。

第二次木津川口の戦い

第一次木津川口の戦いで毛利水軍に惨敗した後、信長は伊勢志摩《いせしま》の水軍大将・九鬼嘉隆《くきよしたか》に命じて大船（鉄《てっ》甲船《こうせん》）を建造させた。二年後に完成した七隻の鉄甲船は、本願寺攻めを助けるために出航する。

堺《さかい》に鉄甲船が停泊してから一か月余りたったころ、毛利方の水軍が大船団となって西方より姿を現した。堺を出航した織田水軍は、木津川口でこれと激突。始めは織田水軍が押され気味だったが、鉄甲船の大鉄砲（大砲《おおづつ》）で敵の大将船を破壊することで形勢は逆転した。毛利水軍は散り散りになり、西へと逃れていった。

豆知識

信長による雑賀《さいか》討伐

紀州《きしゅう》の雑賀荘を中心とした一帯の国人《こくじん》・土豪《どごう》の一団は早くから鉄砲の技術を身につけ、これを用いた傭兵《ようへい》集団として各地で活躍していた。いわゆる「雑賀衆」である。この地域は一向宗《いっこうしゅう》の勢力が強かったため、石山戦争にはしばしば本願寺側で参加し、信長を苦しめた。そこで信長は、一五七七（天正五）年に雑賀討伐の軍を挙げた。この討伐はあまり時間がかからず終わったが、降伏したはずの雑賀衆は引き続き本願寺側につき、信長と戦うことになる。

木津川口の戦い

信長は籠城する石山本願寺に手を焼いたが、
2度目の木津川口の戦いで毛利水軍に勝利したことが大きな転機になった。

②織田水軍 VS 毛利水軍

この戦いにおいて信長を大いに苦しめたのが、中国地方より海上ルートで本願寺に兵糧を送り届ける毛利水軍の存在だった。もとは瀬戸内海の水軍（海賊）である彼らの焙烙火矢とよばれる手投げ爆弾によって、織田方の水軍は大きな被害を受けてしまったのである。これを第一次木津川口の戦いという。しかし 1578 年、九鬼嘉隆に造らせていた 7 隻の鉄甲船が情勢を大きく変えた。第二次木津川口の戦いにおいて再び押し寄せた毛利水軍を撃破して形勢逆転を果たしたのだった。

① 5 年にわたる石山籠城

信長と石山本願寺は対立しては和解するということを繰り返していたが、1576 年に足《あし》利義昭《かがよしあき》らの働きかけによって上杉《うえすぎ》氏・毛利氏・本願寺などによる第二次信長包囲網が形成されると、再び合戦が始まった。信長自ら本願寺攻めの兵を率いたが激しい抵抗にあって苦戦し、以後は重臣・佐久間信盛に大坂方面軍というべき軍勢を任せた。ここから 5 年にわたる石山籠城戦が始まる。この間、摂津《せっつ》一国を任せられて本願寺包囲にも大きな位置を占めていた荒木村重《あらきむらしげ》の謀反などの波乱はありつつも、籠城戦自体は織田側・本願寺側ともに消極的で、おもににらみ合いで終始したようだ。

1580

石山《いしやま》合戦の終焉《しゅうえん》

追いつめられた石山本願寺《いしやまほんがんじ》

波多野《はたの》・別所《べっしょ》・荒木《あらき》といった信長《のぶなが》に反抗した大名たちがつぎつぎと打ち破られ、毛利《もうり》水軍も織田《おだ》水軍に敗れてしまった。そもそも、毛利氏自体が羽柴秀吉《はしばひでよし》に押されている——このような状況では、戦いによって石山本願寺が活路を見いだすすべは絶たれたといっていい。

しかし、優勢なほうの信長は石山本願寺を力攻めで葬《ほうむ》るという考えはもたず、朝廷を介した和睦《わぼく》を進めていた。その条件は教団の維持を認める代わりに大坂《おおさか》を退去することであった。顕如《けんにょ》はこれをのみ、石山合戦はこうして終了したのである。

本願寺の大坂退去

しかし和睦が結ばれても、顕如の長男・教如《きょうにょ》や雑賀衆《さいかしゅう》はそれに反対の姿勢を示した。顕如が大坂を出た後も教如一派は籠城《ろうじょう》を続けていたが、信長が立ち退きの期限を延期し、あらためて和睦の条件を取り交わすと、ようやく大坂を退城した。

ところがその直後、だれもいないはずの本願寺で火災が起こった。原因はわからないが、退去した後に火災が起こるようしかけておいたのでは、という推測もある。翌日まで続いた火災は、建物すべてを消失させてしまったという。信長にとって悔いを残す結果だったろう。

豆知識 家臣団のリストラ？

石山合戦終了後、信長の目は重臣たちへ向かった。四年の間、本願寺攻めの総大将を務めた佐久間信盛《さくまのぶもり》を「職務怠慢《たいまん》」として十九か条もの弾劾状をつきつけ、高野山《こうやさん》に追放してしまったのである。

ついで、家老の林秀貞《はやしひでさだ》らも追放された。これは、かつて信長を裏切って弟・信行《のぶゆき》についた罪であるというが、ひどく古い、唐突な話だ。そのため、こうした突然の処罰は、適当な理由をつけて古参家臣をリストラしたのでは、とも考えられる。

石山合戦の終焉

11年にわたって断続的に繰り広げられた信長と本願寺の戦いも、
最後には和睦と本願寺の大坂退去という形で終わった。

各地の一向一揆《いっこういっき》を織田軍がつぎつぎ鎮圧していく（代表格である加賀の一揆は健在）。

鉄甲船を擁する織田水軍が毛利水軍を打ち破り、大坂湾を封鎖してしまう。

丹波《たんば》の波多野、播磨《はりま》の別所、摂津《せっつ》の荒木といった反乱勢力も織田軍により鎮圧。

状況が優勢になるなか、信長はあえて力押しではなく和睦交渉を進めた。

顕如

朝廷の仲介により、教団の維持を認める代わりに、本願寺が大坂を退去することで決着する。

織田信長

顕如の退去後も息子・教如と彼を支持する雑賀衆らが籠城して抵抗を続けた。

↓

8月には教如も退去する。

退去直後、本願寺は謎の火災を起こし、全焼してしまった

武田《たけだ》氏の滅亡

追いつめられる勝頼《かつより》

武田勝頼は上杉《うえすぎ》氏の後継者問題に介入したのをきっかけに、北条《ほうじょう》氏と対立することになってしまった。北条出身の上杉景虎《かげとら》を裏切って、上杉景勝《かげかつ》に味方したからだ。

関東方面では景勝の助けもあって北条氏相手に有利に戦いを進めることができたが、駿河《するが》・遠江《とおとうみ》方面では北条氏に徳川《とくがわ》氏、さらにはその背後にいる信長《のぶなが》に押されてしまう。とくに一五八一年(天正《てんしょう》九)、遠江での拠点・高天神城《たかてんじんじょう》を徳川軍に落とされたことで、この地域の影響力をほとんど失ってしまった。うち続く合戦によって国内もかなり疲弊《ひへい》していたようだ。

勝頼、天目山《てんもくざん》に死す

翌八二年、信濃《しなの》の木曾義昌《きそよしまさ》が織田《おだ》方に寝返ったのが契機となった。これに続いて勝頼の義兄・穴山信君《あなやまのぶきみ》までもが離反。敗色濃厚になった武田方に対し、織田・徳川・北条軍がいっせいに攻撃した。この際、織田軍の指揮は信長《のぶなが》の嫡男・信忠《のぶただ》がとり、見事な活躍で武名をあげている。

信濃の守りの要《かなめ》であった高遠《たかとお》城が落ちると、勝頼は小山田信茂《おやまだのぶしげ》を頼って岩殿《いわどの》城へ逃れた。ところが信茂の裏切りでそれもかなわず、天目山《てんもくざん》のふもとへ逃げたところで追いつかれ、最後は自害して果てた。こうして武田氏は滅亡したのである。

豆知識 信長の富士山見物

信長もいちおう後詰《ごづめ》という形でこの戦いに参加しているのだが、実際に戦うことはなく、まだ信濃へ入る前に、信忠とその配下たちにより戦いは終わってしまった。

そうした余裕の産物なのか、信長はいちおう甲斐《かい》まで出た後、富士山見物としゃれこみながら、ゆっくりと安土《あづち》城へと戻ったという。

なんだか信長らしくもない風流な行動だが、日本一の山を見て、天下を本気で目ざした男・信長はいったいなにを思ったのだろうか。

武田氏の滅亡

長篠《ながしの》の戦いの後も、武田勝頼は織田・徳川連合軍の圧力に抵抗し続けていたが、最終的には押し切られてしまった。

①追いつめられてゆく勝頼

長篠の戦いの後も武田勝頼は甲斐・信濃・駿河・上野《こうずけ》の4か国にまたがる勢力を維持していたが、上杉氏の後継者騒動をめぐって北条氏政《うじまさ》と対立したことをきっかけに情勢が悪化、高天神城を攻め落とされて遠江での勢力を失ってしまう。また、もともとは諏訪《すわ》氏の養子に入っていた勝頼は一門衆や家臣団からの信望が薄かったうえ、たび重なる遠征のせいで税の負担を重くせざるをえなかったことが、さらに勝頼を追いつめていったという。

②一門衆の裏切りが契機に

契機になったのは、武田氏の一門衆に当たる福島《ふくしま》城主・木曽義昌が織田氏へ寝返ったことだった。これを受けて信長は、岐阜《ぎふ》城で「信忠軍団」とよぶべきものをもっていた嫡男・信忠に命じて信濃・甲斐へと侵攻させ、自身も出陣した。さらに家康《いえやす》や氏政にも出陣を命じ、いっきに勝頼を叩《たた》こうとしたのである。家康は、やはり武田一門である穴山信君を裏切らせ、侵攻の案内をさせた。

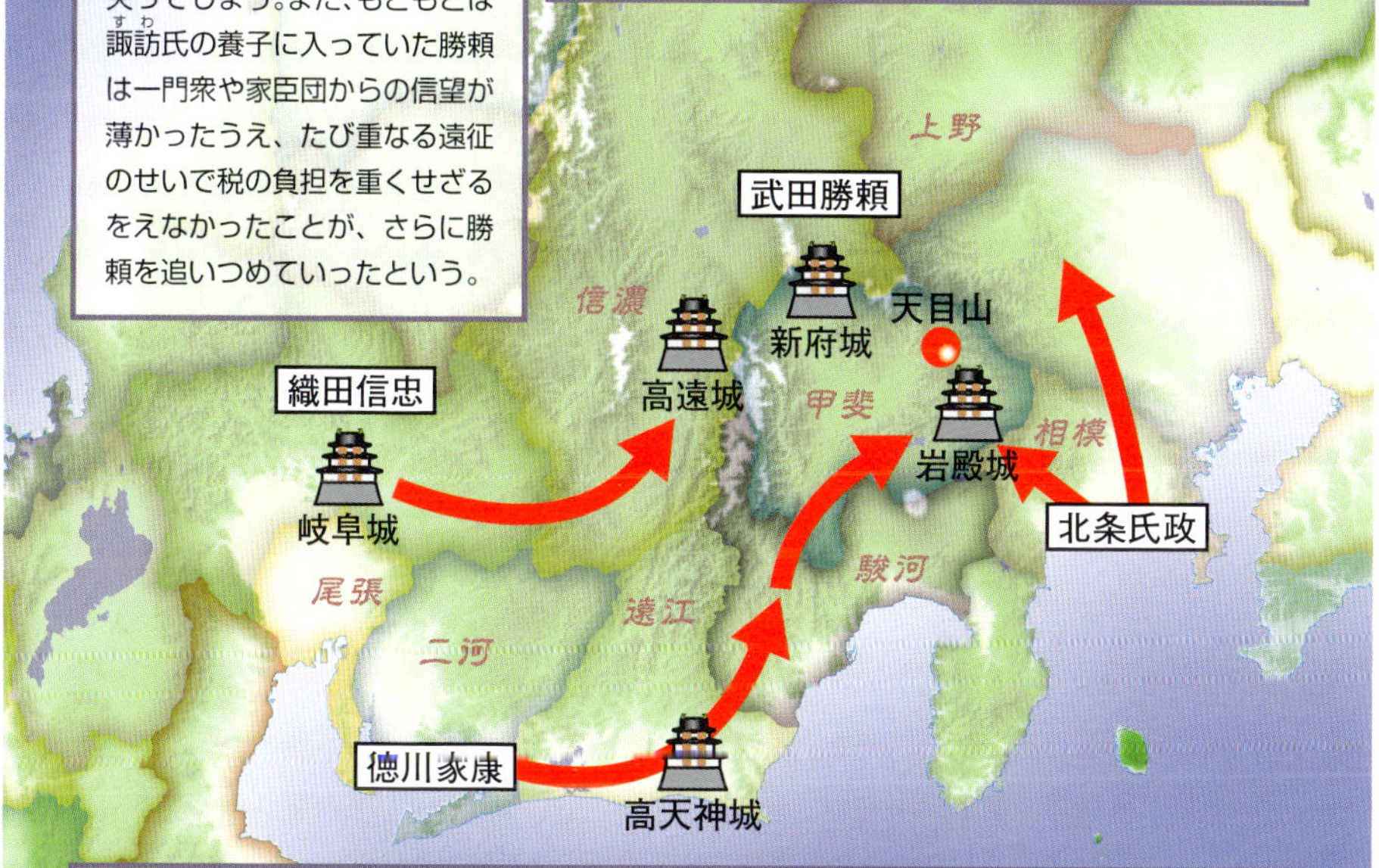

③天目山に死す

武田側にとって信濃方面の守りの要は要害・高遠城だった、が、織田軍の猛攻の前に守り切れず、落城した。これを聞いた勝頼は当初建築中だった新たな拠点・新府《しんぷ》城を廃棄すると、一門衆・小山田信茂のいる岩殿城へ退避しようとした。しかし信茂は勝頼を受け入れず、追いつめられた勝頼は天目山のふもとで滝川一益《たきがわかずます》らの軍勢に追いつかれ、ここで自刃して果てた。信長はついに武田氏を攻め滅ぼしたのである。

関東方面への進出

関東管領《かんれい》・滝川一益《たきがわかずます》？

ようやく武田《たけだ》氏を攻め滅ぼして上野《こうずけ》・信濃《しなの》・甲斐《かい》を手に入れた信長は、これらを家臣団に分け与えた。そして、上野一国および信濃の一部を与えられた滝川一益には、三つの重大な役割が与えられた。それらを室町《むろまち》幕府の役職と重ねて、「関東管領」とよぶこともある。

その役目のひとつは、武田氏の旧臣や関東各地の国人《こくじん》たちを織田《おだ》政権のもとに取りまとめること。そしてもうひとつは、もともと友好的だった北条《ほうじょう》氏との関係を深め、最終的には織田氏に臣従するようにさし向けていくことだった。

一益の武力外交

一益の役目の最後のひとつは、蘆《あし》名《な》氏、伊達《だて》氏、最上《もがみ》氏といった東北地方の諸大名を、織田政権に臣従するように説得していくことだった。つまり、一益とその配下たちは「関東方面軍」とはいわれていても、実際には外交使節のようなものだったともいえるのかもしれない。もちろん、武力を背景としているわけだが。

天下統一まであと一歩と迫った織田氏に正面切って逆らおうというものは東北・関東にはいなかったらしく、一益の外交は順調に進んだ。しかし、それも本能寺《ほんのうじ》の変が起きるまでのわずかな時期のことであった。

エピソード

国よりも茶器を求める

一益は経歴に謎《なぞ》の多い人物で、もとは忍者だったのではないかともいわれているのだが、ずいぶん風流趣味があったらしい。上野国を与えられた際、彼は領地よりも茶器──「珠光小茄子《じゅこうこなす》」を欲しがったのだが受け入れられず、地方に送られて風流から離れてしまうことを大変嘆いた、という逸話が残っている。ただ、彼が名物を欲したのはそれそのものの価値はもちろん、名物を与えられることは茶会の開催許可も意味していたことも押さえておくべきだろう。

関東方面への進出

武田氏を滅ぼした信長は上野に滝川一益を派遣し、
関東・東北方面へ進出していくための足がかりをつくらせようとした。

①関東管領・滝川一益

武田氏を滅ぼした信長はその旧領のうち、甲斐を川尻秀隆《かわじりひでたか》に（穴山信君《あなやまのぶきみ》の領地を除く）、駿河《するが》を徳《とく》川《がわ》家康《いえやす》に、信濃を諸将に分配し、そしてその信濃の一部と上野を滝川一益に与え、彼を関東方面の司令官にした。このときに一益に与えられた役割の性格から、このころの彼の立場を室町時代の役職になぞらえて「関東管領」とよぶこともある。

②一益に与えられた役割

一益に与えられたおもな役割は以下の３つだ。①武田氏の旧臣や関東各地の国人たちを織田政権に取り込むこと。②共同して武田氏を滅ぼすなど、もともと友好的だった北条氏との関係を強化し、最終的にはやはり織田政権に服属させること。③伊達氏・最上氏といった東北の諸大名と接触し、関係を深めること。中央を席巻《せっけん》し、各地方にも手を伸ばす信長に表だって逆らおうとするものはほとんどおらず、一益の活動はかなり順調にいっていたようだ。

解説4

信長《のぶなが》の政策④文化

茶湯御政道《ちゃのゆごせいどう》

信長は上洛《じょうらく》を果たしたあたりから、茶の湯（茶道）への興味を強めていき、織田《おだ》政権が成長していくなかで、自ら、および千利休《せんのりきゅう》のような茶人たちに盛んに茶会を開かせた。

この姿勢は後継者である豊臣秀吉《とよとみひでよし》にも受け継がれ、そうした権力者の庇護《ひご》のもと、茶の湯は中国や朝鮮から渡来した名物を集めて貴重視するものから、精神性を重視するわび茶へと移行していくことになる。

一方、信長は茶の湯を政治的に利用した人物でもある。これはおもに「茶湯御政道」とよばれるもので、特別に許可を与えた武将以外に茶会を主宰することを禁じたのである。

結果として茶会を開くことは織田政権の武将たちにとって大きなステータスとなり、これを許された秀吉などが大いに喜んだことを示す史料が現代に残っている。

茶器の活用

信長は、名物をしばしば領地の代わりの恩賞として部下に与えたとされる。こうした行為が成立したのは、名物に「茶会を開く権利」が付属していたからであるようだ。

鷹《たか》狩り

鷹を飼いならしてさまざまな鳥を捕らえる鷹狩りは武家の一般的な趣味である。信長もまた若いころからこれに親しんだが、ただの趣味としてだけではなく、身体の鍛練・領地の見回り・模擬合戦などとしても活用していたといわれる。

芸事見物

信長は幸若舞《こうわかまい》の「敦盛《あつもり》」を愛し、また舞や能の演じ手を保護した。ただ、「敦盛」を好んだといっても好きだったのは「人間五十年～」の一節だけであり、舞や能についても自分で見るよりも供応に用いるのがほとんどであったという。

1581～82

信長《のぶなが》と天皇

信長の天皇への厚遇と利用

この時代、たび重なる戦乱によって京はみるみる荒廃し、それは皇室ですら例外ではなかった。信長は、禁裏御料《きんりごりょう》のうちでも重要視されていた山国庄《やまぐにのしょう》の回復や、経済の安定を図るために貸米《かしまい》制度を設けるなどして、経済的に苦しむ朝廷を援助した。

ただし、信長は「勤王《きんのう》」という考え方のみでそのように動いていたわけではないようだ。上洛《じょうらく》する際に禁裏の修理という大義名分を利用したのをはじめ、窮地に陥った際には朝廷に働きかけて講和をするなど、天皇や朝廷の権威をたびたび利用しているのである。

大馬揃《おおうまぞろ》えと三職推任《さんしょくすいにん》問題

一五八一年（天正《てんしょう》九）、信長は京に家臣団を集め、馬揃え——いわゆる軍事パレードを行った。これは大変な評判になり、民衆や朝廷からはアンコールがあり、また信長自身もとても気にいったため、馬揃えはその後も何度か行われた。

その翌年、朝廷の使者が信長のもとを訪れた。目的は、「信長を太政大臣《だいじょうだいじん》、関白《かんぱく》、征夷大将軍《せいいたいしょうぐん》のうち望みの職に就任させる（三職推任）」というものだった。四年前に右大臣を辞した信長を、なんとか官位体制に組み込もうとしたのである。しかし信長はこの際、返答を保留している。

正親町《おおぎまち》天皇の譲位問題

信長は二度、正親町天皇に譲位を勧めている。一度目は一五七三年（天正元）のことで、この際は信長が多忙だったためか、実現しなかった。ところがその後、大馬揃えと同時期に、二度目の譲位の勧めがあったのである。このころはすでに天皇も六十を超えていたためおかしくはないが、じつは後を継ぐ誠仁《さねひと》親王の子のひとりが信長の猶子《ゆうし》になっていた。このときも実現はしなかったのだが、信長の目的は（形式的だが）天皇の父になることだったのだろうか？

信長と天皇

信長は早くから朝廷に接近して援助を行い、パフォーマンスで喜ばせたりしたが、その背景には天皇の権威を活用しようとする意図があった。

信長は禁裏の修理、御料（領地）の回復、貸米制度（米を市民に貸し付けて利息を納めさせる）など困窮する朝廷を援助した。

織田信長

援　助 →

← 協　力

正親町天皇

信長は朝廷を上洛の大義名分として利用したのをはじめ、たびたび敵対者との講和にあたって天皇・朝廷の権威を利用した。

三職推任問題

1578年、信長は正二位《しょうにい》・右大臣《うだいじん》の職を辞してしまう。

↓

1582年、朝廷側が「太政大臣、関白、将軍のどれかに就いてくれ」と申し出るも、信長側は返答を保留。

どれかに就くつもりはあった、どれにも就かず後世の徳川《とくがわ》幕府における大御所《おおごしょ》のような位置に就くつもりだった、そもそも申し出たのは信長側だった、など諸説多数。

京での大馬揃え

天皇以下、公家《くげ》など多数招待して、京の町で大規模な馬揃え（軍事パレード）を行うパフォーマンスを敢行。民衆・朝廷双方に好評で、数日後にもう一度行ったほど。

長宗我部《ちょうそかべ》氏と信長《のぶなが》

長宗我部氏の躍進と信長の対応

戦国時代の四国で頭角を現したのは、土佐《とさ》の国人《こくじん》・長宗我部元親《もとちか》だった。周辺の国人をつぎつぎと倒して土佐を統一した彼は四国の他地域にも進出し、大いに勢力を拡大した。

信長は長い間この元親と友好的だった。彼の長男・弥三郎《やさぶろう》のために烏帽子親《えぼしおや》（元服《げんぷく》の儀式で烏帽子をかぶせる役割）となり、さらに自分の名から一字を与えて「信親《のぶちか》」と名のらせているほどだ。また、元親が四国を武力で統一支配することも公認している。ただ、一方で「元親は鳥なき島の蝙蝠《こうもり》」と侮った発言を残してもいるのだが。

信長の心変わりと四国討伐軍

しかし、阿波《あわ》に本拠地をもつ三好《みよし》氏を支配下に加えた信長は、態度を変えた。三好氏の四国での領地を守るため、長宗我部氏を土佐と阿波半国に閉じ込めようとしたのだ。「土佐と阿波半国のみ領有を許す」と通告を送られた元親は、前言と違うその内容に激怒し、両者は決裂する。

一五八二年（天正《てんしょう》十）、信長は四国に大軍を派遣し、長宗我部氏を討つことを決める。その大将に三男の織《お》田信孝《だのぶたか》を任命し、大坂・住吉《すみよし》・堺《さかい》に着陣させ、渡海の機会を待った。しかし、その間に本能寺《ほんのうじ》の変が起こったため、四国討伐軍の出番はなくなる。

人間関係

本能寺の裏に元親と光秀《みつひで》？

織田軍団において元親との窓口を務めていたのは明智《あけち》光秀であったらしい。じつは光秀の重臣である斎藤利三《さいとうとしみつ》の妹が元親に嫁いでおり、しかも光秀の姪《めい》が元親の側室になっていたため、非常に縁が深かったのだ。

そこで、信長がそれまでの方針を転換して三好氏擁護にまわると、光秀は元親の説得工作にかかったようだが、結局うまくいかなかった。ここで面目をつぶされたことが、光秀の謀反につながったのかもしれない。

長宗我部氏と信長

信長は当初、長宗我部氏に友好的だった。しかしのちにその対立相手である三好氏を支援するようになり、四国征伐を計画した。

四国では土佐の長宗我部元親が急成長を遂げていた。

↓

信長も「四国は攻め取っただけ領地にしてよい」と許可する。

ふふ……

信長曰《いわ》く、元親は「鳥なき島の蝙蝠」で、周囲に強力な敵がいないだけ。

友好的ではあったが低く見ていた？

↓

元親の敵・阿波の三好氏を支配下に加えると、元親に「土佐および阿波の半分以上は支配するな」と前言撤回。

↓ **元親の反発**

織田信孝・丹羽《にわ》長秀《ながひで》らの軍勢に出陣準備をさせる。

四国討伐軍
讃岐
三好氏
阿波
伊予
長宗我部元親
土佐
大坂・住吉・堺といった港で出陣の準備を整える。
しかし、四国遠征軍の出番はこなかった！

1582

本能寺《ほんのうじ》の変

それぞれの動き

一五八二年（天正十《てんしょう》）五月、信長《のぶなが》は安土城《あづちじょう》を訪れた徳川家康《とくがわいえやす》・穴山信君《あなやまのぶきみ》らのために歓迎の宴を開いていた。そこに高松城《たかまつじょう》を囲んでいた羽柴秀吉《はしばひでよし》の使者が現れ、毛利《もうり》氏らが大軍を率いて高松城の救援に来たことを告げる。これを聞いた信長は、明智光秀《あけちみつひで》に出陣を命じ、自らも小姓衆《こしょうしゅう》二、三十人とともに出陣のため上洛《じょうらく》、常宿としている本能寺に入った。

一方、居城である亀山城《かめやま》に到着した光秀は、信長への反逆を企てていた。六月一日の夜に出陣した光秀は、数名の重臣にのみ計画を打ち明けると、亀山から馬首を東に向けた。

信長・信忠《のぶただ》、京に死す

六月二日早朝、光秀の軍勢は、本能寺を包囲して四方から乱入した。信長も小姓衆も、最初はただのけんかと思っていたが、明智軍が鉄砲を撃ち込んでくると、ようやく謀反だと察した。途切れることなく討ち入ってくる明智軍を相手に、小姓衆もつぎつぎと討ち死にする。信長も弓矢や槍《やり》で防戦するが、御殿に火をかけられ、無念にも切腹した、という。

その直後、二条御所《にじょうごしょ》の信長の嫡男・信忠のもとにも光秀の軍勢が攻め寄せた。各人が奮戦したものの、やはりここでも追いつめられた信忠が自刃するという結果になった。

歴史の真実

信長はほんとうに戦って死んだか？

信長側の戦力は、小姓衆らを中心に厩番《うまやばん》の武士らと中間《ちゅうげん》衆、合わせて百人余りしかいなかった。ここに光秀の大軍がいっきになだれこんだはずである。人数の差は圧倒的で、合戦という形にならなかったのではないか。したがって、信長が敵と切り結んだという逸話には疑問が生じる。

また、信長の遺体は数人の武士が持ち出して火葬したとされるが、混乱のなかでそんな余裕があったとは考えられず、実際には火薬の引火で爆散したのではないだろうか。

本能寺の変

天下取りを目前にした信長は、重臣・明智光秀の裏切りによって
炎の中に消え、時代は新たな局面を迎えることになる。

①本能寺の変の経緯

1582年5月、信長は安土城に徳川家康・穴山信君らを迎え、供宴で歓迎していた。そこに羽柴秀吉から救援要請が来ると、明智光秀を居城・亀山城に戻して出陣の準備を整えさせた。さらに自らも出陣するため、20～30人の供の者だけを引き連れて京へ入り、定宿としている本能寺に宿泊。6月1日、茶会や囲碁を楽しんだ後、深夜に就寝した。そして翌日早朝、突如として本能寺が大軍に取り囲まれた。光秀による謀叛であった。

②光秀の行動

光秀は6月1日に出陣した。しかし彼が軍を向けたのは中国方向ではなく京へ向かう道であり、その途中でわずかな重臣にのみ真意を明らかにするとさらに軍を進めた。京を流れる桂川《かつらがわ》を渡る段階において初めて「敵は本能寺にあり!」と宣言した、といわれている。

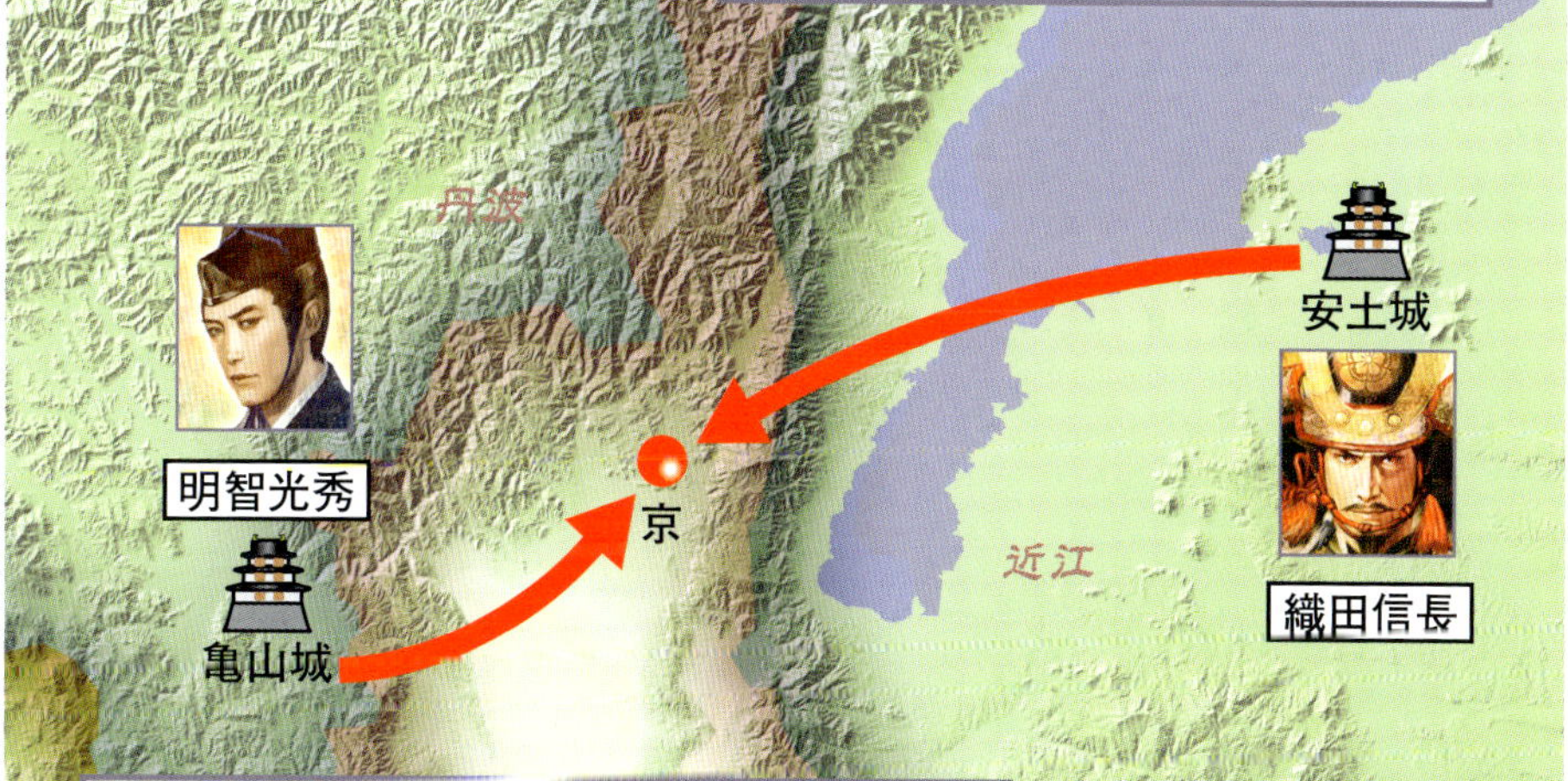

③信長、死す

信長は、当初ただのけんかだと思ったらしい。しかし、鬨《とき》の声や鉄砲の音がするとただ事ではないと気づいた。この際に小姓の森蘭丸《もりらんまる》から光秀の謀反を伝えられた信長は、「是非に及ばず(やむをえない)」とひと言いうと、わずかな供とともに奮戦したが敗れ、燃え盛る炎の中で自刃したという。この直後、二条御所にいた信長の嫡男・信忠も光秀の軍勢に襲われ、やはり自刃して果てた。

光秀《みつひで》はなぜ裏切ったか

原因は怨恨《えんこん》か

明智《あけち》光秀は織田《おだ》政権の中心である近畿を任せられたほどの重臣であり、古くからの家老である柴田勝家《しばたかついえ》や出世頭の羽柴秀吉《はしばひでよし》を押さえて、織田家臣団筆頭ともいえるほどの男だった。信長《のぶなが》は以前に松永久秀《まつながひさひで》や荒木村重《あらきむらしげ》などに裏切られているが、それは独立性の強い大名たちと利害が対立した、という部分が大きい。光秀ほど政権の中枢に近い男がなぜ裏切ったのだろうか。

古くは個人的な怨恨に由来するものであると考えられていた。信長に残忍なイメージが強いこともあり、恨みを買ったのだ、というわけだ。

さまざまな仮説

しかしその後の研究で、さまざまな推測が立てられた。光秀個人に原因を求めるものでは、価値観の対立や野心――光秀の軍以外に強大な戦力が信長の近くにいない絶好の状況が彼に天下の夢を見せたのだ、というものがある。また、四国方面で長《ちょう》宗我部《そかべ》氏との交渉を担当していた光秀が、信長の方針転換で追いつめられたせいだ、という意見もある。

光秀以外に原因を求めると、何者かが彼をそそのかしたという黒幕説があり、羽柴秀吉、徳川家康《とくがわいえやす》、朝廷、足利義昭《あしかがよしあき》などの名が挙がるが、いずれにも確たる証拠は存在しない。

豆知識

光秀＝天海《てんかい》説

光秀は本能寺《ほんのうじ》の変で信長を倒した後に、中国から戻ってきた秀吉に敗れて討ち死にしたのだが、これを否定する説がある。天海という僧侶になって生き延びた、というのだ。

敗れた光秀は比叡山《ひえいざん》に逃げ込んだ。延暦寺《えんりゃくじ》に優遇された光秀は、そのまま横川飯室谷《よかわいむろだに》長寿院《ちょうじゅいん》に入り、剃髪《ていはつ》して仏教を学んだという。この天海が、徳川家康の側近として江戸時代初期に活躍したため、「家康と光秀は本能寺の変でつながっていたのでは」という推測がしばしば語られる。

光秀はなぜ裏切ったか

天下を目前にした信長を殺した明智光秀。彼が裏切った理由は
当時から今に至るまで無数に推測がなされている。

重要地域・近畿を任せられるほどの重臣・明智光秀は、
なぜ唐突に信長を裏切ったのだろうか？

さまざまな説

怨恨説①

安土に来ていた徳川家康の接待に失敗して信長に激しく叱責《しっせき》され、中国攻めに回されたことの恨みか？

信憑《しんぴょう》性が薄い

怨恨説②

丹波《たんば》・八上城《やがみじょう》攻略にあたって、人質になっていた光秀の母が信長に見殺しにされたことの恨みなのか？

後世の創作か

黒幕説

何者かが光秀をそそのかした？

↓

羽柴秀吉説、徳川家康説、朝廷説、足利義昭説など、黒幕の正体も多彩。

その他の説

思想説：旧来的な価値観の光秀は信長の革新性についていけなくなった？
野心説：中央に大きな戦力のいない今なら天下が取れると考えた？
保身説：粛清される前に先手をとって反逆しようと考えたのではないか？

織田秀信《おだひでのぶ》

生没 1580（天正8）～1605（慶長10）
別名 三法師、岐阜中納言
官職 侍従、中納言

織田信忠《のぶただ》の嫡男《ちゃくなん》。本能寺《ほんのうじ》の変の後、清洲《きよす》会議で信長の後継者に指名される。このとき、羽柴秀吉《はしばひでよし》が三法師《さんぼうし》を推挙したとして、当時の史料に名が登場する。その後、岐阜《ぎふ》城に入り、関ヶ原《せきがはら》の戦いでは西軍に参加。籠城《ろうじょう》のすえ、自刃しようとするも、止められて出家。織田氏の直系は絶える。

織田長益《おだながます》

生没 1547（天文16）～1621（元和7）
別名 源五、源五郎、有楽、有楽斎如庵
官職 従四位下侍従

織田信秀《のぶひで》の十一男。武人としてよりも茶人として知られ、豊臣秀吉《とよとみひでよし》と茶会をともにしたことも多かったと伝えられる。関ヶ原の戦いでは東軍につき、大坂《おおさか》の陣では大坂城内の情勢を内通していたとも。彼の江戸での屋敷があったあたりが、その号から「有楽町」とよばれるようになったとも。

織《お》田《だ》信《のぶ》雄《かつ》◉

生没 1558（永禄元）～1630（寛永7）
別名 茶筅、三介、北畠具豊、信意、常真
官職 侍従、左近衛権中将、権中納言、権大納言、内大臣

信長《のぶなが》の次男。名は「のぶお」とも読む。本能寺の変の後、清洲会議で信長の後継者の座を求めるがかなわず、羽柴秀吉が指名した織田秀信（三法師）の後見人となる。いちじ、秀吉と対立し、徳川家康《とくがわいえやす》とともに小牧《こまき》・長久手《ながくて》の戦いに臨むも講和。秀吉による移封《いほう》を拒んで怒りを買い、剃髪《ていはつ》する。のちに許されるが、家康に心を寄せるところは変わらず、大坂の陣でも豊臣方には加わらなかった。

織《お》田《だ》信《のぶ》孝《たか》◉

生没 1558（永禄元）～1583（天正11）
別名 三七、三七郎、神戸信孝
官職 従五位下侍従

信長の三男。兄の信雄より出生が早かったが、申告が遅かった、あるいは母の身分が低かったから、三男となったとも伝えられる。清洲会議で岐阜城主となるが、信長の後継者にはなれず、羽柴秀吉に反目。柴田勝家《しばたかついえ》らと結んで秀吉に対抗、岐阜城で挙兵する。しかし、賤ヶ岳《しずがたけ》の戦いで柴田勝家が敗走したため、戦意を喪失。城を明け渡し、尾張《おわり》国で自刃した。

その後の織田《おだ》氏

信長《のぶなが》の子どもたちの衰退

信長と信忠《のぶただ》が本能寺《ほんのうじ》の変で死に、謀反人である明智光秀《あけちみつひで》も羽柴秀吉《はしばひでよし》に討たれると、だれを後継者にするかが問題になった。通説では柴田勝家《しばたかついえ》が三男・信孝《のぶたか》を、秀吉が信忠の嫡男・三法師《さんぼうし》（秀信《ひでのぶ》）を推して、後者が選ばれたことになっている。しかし、実際には信孝とその兄である信雄《のぶかつ》が後継をめぐって争い、それを押さえるために三法師を推した秀吉の意見が通ったのでは、という説がある。もしその通りなら、二人の争いが秀吉に漁夫の利を与えたわけだ。

その後、信孝は秀吉に敗れ、自害に追い込まれてしまった。

秀信のその後と織田氏の末裔《まつえい》

信雄は織田氏の家督を継いだものの、秀吉に臣従する形となり、実権は失ってしまった。それでは、秀信はどうなったのだろうか。信雄が家督を継いだ後、丹羽長秀《にわながひで》のもとへ身を寄せたらしいが、その後のことはよくわからない。だが秀吉の庇護《ひご》下だったのだろう、岐阜《ぎふ》城主になったことはわかっている。しかし、関ヶ原《せきがはら》の戦いにおいて西軍に味方したことからついには家を取りつぶされ、出家して高野山《こうやさん》に登ったという。

それでも江戸時代には大名四家、旗本十家に織田の名が残ったが、どれも小規模な家にすぎなかった。

豆知識　江戸時代の織田家

江戸時代まで残った織田家のうち、いくつか注目すべき家を紹介しよう。信雄の子孫は天童《てんどう》藩・柏原《かいばら》藩それぞれ二万石が残った。また、信長の弟で茶人として大成した長《なが》益《ます》の子孫が芝村《しばむら》藩・柳本《やなぎもと》藩それぞれ一万石として残った。こうした織田家たちは多くが貧しかったが、名門だけに家格は高かったようだ。

ちなみに現在、男子フィギュアスケート選手として活躍する織田信成《のぶなり》は、旗本として残った信長の七男・信高《のぶたか》の家系にあたる。

その後の織田氏

信長を失った織田氏は急速に勢いを失い、羽柴秀吉にほぼ乗っ取られてしまった。
しかし、いくつかの家が江戸時代へ続いた。

織田氏は本能寺の変で、信長だけでなく、
後継者・信忠まで失ってしまって大きく混乱することになった。

後継者をめぐる騒動

次男・織田信雄

北畠《きたばたけ》氏へ養子に行く。伊賀《いが》出兵に失敗するなど、凡庸な人物だった？

対立

三男・織田信孝

神戸《かんべ》氏へ養子に行く。文武両道として、特《とく》に外国人の評価が高い。

二人の対立の漁夫の利？

羽柴秀吉

後継者・信忠の遺児である三法師（織田秀信）こそが、血筋上正当！

その後の信雄

秀吉との協力・反発をへてその支配下に入る。最終的には頭を剃《そ》って秀吉の御伽衆《おとぎしゅう》に。

その後の秀信

秀吉の保護下で岐阜城主になるが、関ヶ原の戦いで西軍につき敗北。出家する。

その後の信孝

柴田勝家と組んで秀吉と戦うも敗北。再び挙兵するも、自刃へ追い込まれる。

**信長の弟たちの家系も含め、江戸時代には
大名四家・旗本十家が残ったが、すべて小規模だった。**

『信長公記《しんちょうこうき》』と『信長記《しんちょうき》』

『信長公記』の成立経緯と性格

一五九八年（慶長《けいちょう》三）ごろに成立した『信長公記』は正確性を高く評価されている史料だ。基本的に十五巻で構成され、本能寺《ほんのうじ》の変までの事跡が記されている。本来『信長記』とよぶのがふさわしいようだが、後述するものが有名になりすぎたため、区別のためにこうよばれるようだ。

著者の太田牛一《おおたぎゅういち》は、実際に信長《のぶなが》に仕えていた人物だったため、主君に不利な内容は意図的に書かれていないのでは、という見方もある。しかし、記載のない事跡や間違いがあるのは、あくまで牛一の情報不足が原因だったと思われる。

『信長記』の成立経緯と性格

一六二二年（元和《げんな》八）に刊行された『信長記』は、その『信長公記』を踏まえて編まれた。巻数は十五巻だが、整版では一巻と十五巻がそれぞれ上下巻に分けられている。作者は医書なども出版している小瀬甫庵《おぜほあん》。

この『信長記』は、『信長公記』に比べて史料としての評価が低い。事実の改変や文書の偽作が多く見られるためである。本能寺の変の時点でまだ十九歳だった甫庵は、信長と同じ時代を生きたわけではない。そのため甫庵は、すでに結果が出ている合戦や武将たちについて、自分なりの解釈を加えていったのだった。

豆知識　フロイスの『日本史《にほんし》』

信長にまつわるもうひとつの重要史料として、イエズス会宣教師のルイス・フロイスの『日本史』および彼の遺《のこ》した書簡群がある。日本に三十数年滞在した彼は信長とも親しくつき合い、信長について多くのことを書き残している。この『日本史』には信長の性格や振る舞いについてもかなり詳しく書かれており、信長研究の大きな助けとなっている。ただ、キリスト教的な価値観を強くもつフロイスの記述だけに、そうした偏向も計算に入れる必要がある。

『信長公記』と『信長記』

信長について記した資料としてとくに有名なのが、
信長に関する第一資料の『信長公記』と、ブームを巻き起こした『信長記』だ。

『信長公記』

実際に信長の側近として仕えていた過去がある人物。

作　　者：太田牛一
成立時期：牛一が書きためた日記・メモ類をもとに、1598年ころ完成。
形　　態：首巻 1 巻(上洛《じょうらく》以前)と本記 15 巻(上洛以後で構成される。
性　　格：一部あいまいな部分やミスは存在するもののそれは情報が不完全だったためで、信長の経歴を正確に記録している。

信長について知るための、もっとも基本的な史料

『信長記』

池田恒興《いけだつねおき》や豊臣秀次《とよとみひでつぐ》などに仕えた。『信長記』だけでなく、伝記・医学書など多数執筆。

作　　者：小瀬甫庵
成立時期：1604 年より書き始め、1622 年に刊行。
形　　態：15 巻で構成される。
性　　格：『信長公記』を儒教的価値観にもとづく伝記文学として再構成した。信長を英雄的に脚色した部分が多数見られる。

**江戸時代に大ブームを巻き起こしたが、
史料としての信憑《しんぴょう》性は非常に薄い。**

ミニ知識

信長《のぶなが》の野心はどこを目ざしたか

一五八二年（天正《てんしょう》十）、信長は本能寺《ほんのうじ》に倒れた。このとき、信長の「天下布武《てんかふぶ》」はほぼ完成に近づいており、実際に織田《おだ》政権を継承した豊臣秀吉《とよとみひでよし》はわずか八年で天下を統一してしまった。秀吉がそのうち数年を信長の息子たちや柴田勝家《しばたかついえ》・徳川家康《とくがわいえやす》といった織田政権内部の有力者との後継争いに費やしたことを思えば、信長自身が生きていればより短い期間で達成しえたのではないか、と考えるのが自然だろう。

実際、当時残っていた大大名としては東北の伊達《だて》・最上《もがみ》、関東の北条《ほうじょう》、北陸の上杉《うえすぎ》、中国の毛利《もうり》、四国の長宗我部《ちょうそかべ》、九州の大友《おおとも》・島津《しまづ》・龍造寺《りゅうぞうじ》といったところだが、どれも信長の侵略に抵抗できたとは思えない。

伊達・最上・北条には滝川一益《たきがわかずます》の関東方面軍が臣従工作を行っており、遠からず従うか、もしくは織田軍にたたきつぶされたろう。上杉・毛利・長宗我部もそれぞれの方面軍に迫られており、形勢を逆転できるような状況ではなかった。そうなれば九州の諸大名も抵抗のしようがない。合わせて、もって数年というところではないか。

こうなると気になるのが、「天下を統一した信長は、どこを目ざしただろうか」ということである。ここで浮かび上がってくるのが、「信長大陸侵攻説」とでもいうべきものだ。天下を統一した信長は、日本軍を率いて大陸へ侵攻し、当時の中国の王朝である明《みん》を倒し、東アジア全体を支配しようとしていたのではないか、というわけだ。

論拠としては、ルイス・フロイスが『日《に》本史《ほんし》』で信長に大陸進出の野望があったことを記録していることが挙げられる。また、信長の後継者である秀吉が実際に明への侵攻を計画して朝鮮出兵を行ったこと、信長という人物のスケールの大きさにふさわしい野心であることも、傍証といえるだろう。

ただ、信長がそのように海外遠征の準備をしていた形跡が見受けられないこと（秀吉は何年も前から準備を始めていた）などから、この記述の信憑性《しんぴょう》を疑う声があるのもまた事実である。

それでは、そのような野望を抱いていた信長が、自分を置こうとした社会的な立場はどのようなものだったのだろうか？

最近の研究では、信長は「天皇を超えた存在」になりたかったのではないか、と考えられている。それは「中華皇帝《ちゅうかこうてい》」――アジア全体を統治する者だったかもしれないし、それとも「天皇を指名する権限をもった征夷大将軍《せいいたいしょうぐん》」のようなものだったのかもしれない。天皇の上位者としての「治天《ちてん》の君《きみ》」という言葉が持ち出されることもある。正統性にこだわり続けた一方で、可能であれば旧来の権威を破壊することをためらわなかった信長なら、このくらいのことは考えそうではないか。

付録資料編

【付録】信長《のぶなが》ゆかりの品①武具

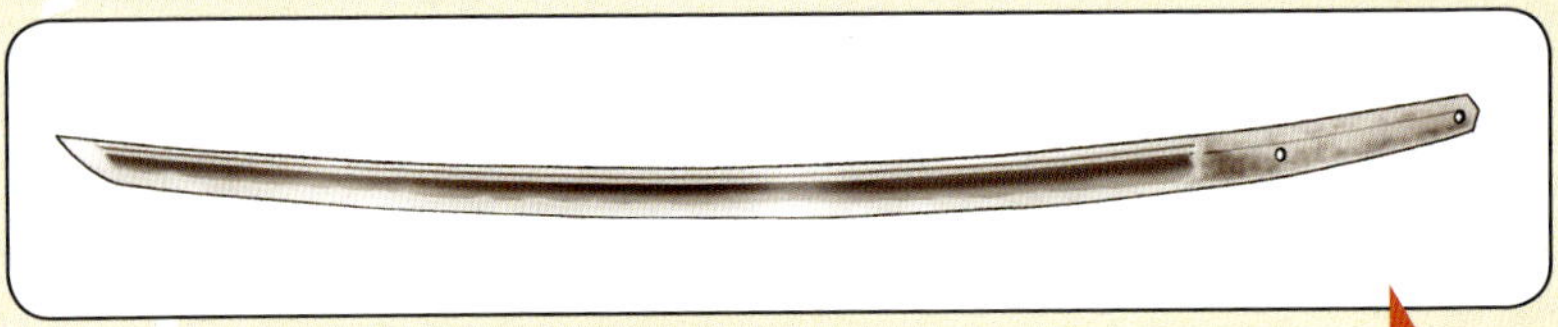

左文字《さもんじ》

もとは今川義元《いまがわよしもと》の刀で、桶狭間《おけはざま》の戦いで彼を倒した信長が戦利品として手に入れ、何度も試し切りをして気に入り、つねに腰に差すようになったというもの。そのために「義元左文字《よしもとさもんじ》」ともいう。中子《なかご》（刀の柄に入る部分）の部分に「永禄三年五月十九日　義元討捕　刻彼所持刀」「織田尾張守信長」と刻まれている。

へし切《ぎり》長谷部《はせべ》

長谷部国重《くにしげ》という刀工の作。信長が無礼な茶坊主を手討ちにしようとした際、台所へ逃げ込んで棚へ隠れた。しかし信長がこの刀で棚ごと茶坊主を「へし切《き》って」しまったことから、この名前でよばれるようになった。その後、この刀は信長から黒田官兵衛《くろだかんべえ》に与えられた（豊臣秀吉《とよとみひでよし》から官兵衛の息子・長政《ながまさ》に与えられたとも）、現在に至っている。

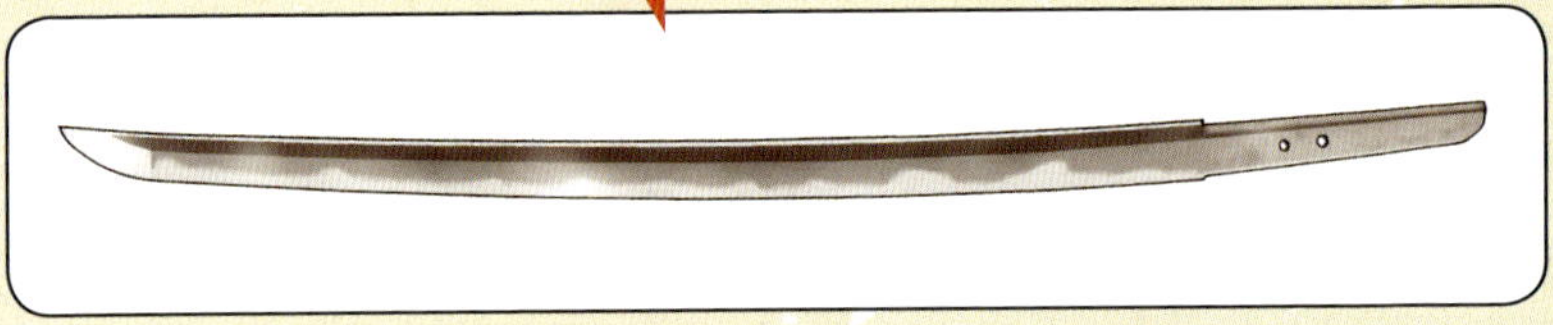

南蛮兜鉢《なんばんかぶとばち》

イラストは信長が所有していたと伝わる、南蛮型の兜。

信長は南蛮渡来の新しい品々を好み、宣教師たちに洋装で謁見させることを喜んだり、自身もマントを着るなど、洋装を楽しんだという。鎧甲冑《よろいかっちゅう》も南蛮のものを身につけたというが、現存しない。

木瓜《もっこう》桐《きり》紋《もん》緋《ひ》羅《ら》紗《しゃ》陣《じん》羽《ば》織《おり》

鮮やかな緋羅紗（羊の毛織物）地に白羅紗で、木瓜紋（織田の家紋）と桐紋をあしらった陣羽織。陣羽織は鎧《よろい》の上に着るコートのようなものであり、武将たちは自らの存在を誇示するためにしばしばはでにあしらったものを着たが、これはとくに色鮮やかで、はで好みだった信長を偲《しの》ばせるものとなっている。

金《きん》小《こ》札《ざね》色《いろ》々《いろ》威《おどし》胴《どう》丸《まる》

織田《おだ》・上杉《うえすぎ》が同盟していた時期に、信長が上杉謙信《けんしん》に贈った鎧で、紅萌黄《もえぎ》・白・紫の色で威《おど》した（鎧の札を革や糸で結び合わせること）、非常に華やかな鎧。

本来はこれに大袖《おおそで》（別々に所蔵されている）と兜《かぶと》（現在には伝わっていない）がひとそろいになっていたと考えられる。

永《えい》楽《らく》銭《せん》鍔《つば》

当時の基本貨幣である永楽銭（中国・明《みん》の貨幣）を数多くあしらった刀の鍔。信長の愛用品と伝わる。

信長は旗印にもこの永楽銭を使用しており、ある種のトレードマークのようなものだったと思われる。彼が天下取りを目ざすにあたってお金——すなわち経済力を重視していたことがよくわかる。

【付録】信長《のぶなが》ゆかりの品②茶器

井戸茶碗《いどちゃわん》

井戸茶碗とは高麗《こうらい》（朝鮮）茶碗の一種で、全体に淡い卵色の釉薬《ゆうやく》がかけられ、胴にろくろの跡が目立つもの。天正《てんしょう》期に高く評価された。

イラストのものは信長が所有して「信長」の銘で知られたもので、その後に京極《きょうごく》氏・豊《とよ》臣《とみ》秀吉《ひでよし》・古田織部《ふるたおりべ》と伝わっていった。

松花《しょうか》

いわゆる「ルソン壺《つぼ》」とよばれるタイプの茶壺で、中国南部でつくられ、平安・鎌倉時代からすでに大量に輸入されていたようだ。信長や秀吉の時代に、茶室の中でも鑑賞されるようになった。現存する茶壺のなかでも、最も数多く記録に名前が出る（『信長公記《しんちょうこうき》』にも登場する）壺として知られている。

信長の名物狩り

上洛《じょうらく》以降の信長は、しばしば「名物（名高い品物のこと）狩り」とよばれる行為を行った。

狩り、といっても所有者から無理やり奪っていくのではなく、莫大《ばくだい》な金銀や米を対価として支払っている。とはいえ信長がその強大な軍事力を背景に、ある種の脅しをしたのは間違いなく、もともとの所有者からすれば苦々しい思いであったろう。

こうした行為には、京や堺《さかい》といった商業都市の大商人たち（豊かな財をもち、高い文化教養をもつ彼らは、当然多くの名物を所有していた）への脅し、という側面もあったはずである。

こうなると逆に、信長とよしみを通じるために名物を献上する者もおり、たとえば領地を失って放浪していた今川氏真《いまがわうじざね》（義元《よしもと》の子）が名物を差し出した記録が残っている。

初《はつ》花《はな》

肩衝《かたつき》とよばれる肩の部分が水平に張っている茶入れの一種で、同じ肩衝の「新田《にった》」「楢柴《ならしば》」とともに「天下三名物」とよばれた。

命名者は将軍・足利義政《あしかがよしまさ》だという。やがて京の商人・大文字屋疋田宗観《だいもんじやひきたそうかん》の手に渡っていたが、信長に召し上げられた。信長はこれを息子・信忠《のぶただ》に譲ったが本能寺《ほんのうじ》の変後に流出。徳川家康《とくがわいえやす》の手を経て豊臣秀吉に渡ったが、豊臣政権の崩壊で徳川家に戻った。

新《にっ》田《た》

「初花」に同じく肩衝茶入で、「天下三名物」のひとつ。銘の新田は武家の名門・新田《にった》氏に由来するともいわれるが、詳しいことは不明である。

一度は信長が手にするが、死後に流出。九州の大友宗麟《おおともそうりん》が所有していたところを秀吉に召し上げられた。のちに秀吉は楢柴も入手し、信長もなしえなかった天下三名物のコレクションに成功した。

九十九《つくも》茄子《なす》

わび茶の創設者・村田珠光《むらたじゅこう》が九十九貫で手に入れたことと、『伊勢物語』の一節「百《もも》とせに一とせ足らぬ九十九髪我を恋ふらしおもかげに見ゆ」をかけて「九十九髪《つくもがみ》」とした。これが省略されて、さらに茄子型の茶入であることが合わさり、この名になったと伝わっている。

もとの所有者は松永久秀《まつながひさひで》であったが、信長が上洛《じょうらく》した際にこれを献上したという。

【付録】信長《のぶなが》ゆかりの品③その他

小文地桐紋付韋胴服《こもんじきりもんつきかわどうふく》

鹿の皮をなめして、さらに割付小紋《わりつけこもん》が型枠で白く染めつけられた胴服。

白鹿革を切りぬいた「五三《ごさん》の桐《きり》の紋が七か所（五か所に家紋をつける定型が生まれたのはこの後）に縫いつけられている。

松平信一《まつだいらのぶかず》（のちに子孫が上田《うえだ》藩主に）という武将が徳川家康《とくがわいえやす》の命で織田《おだ》の援軍に出た際、信長《のぶなが》から与えられたものとされ、以後松平氏に信長の遺品として伝わっている。

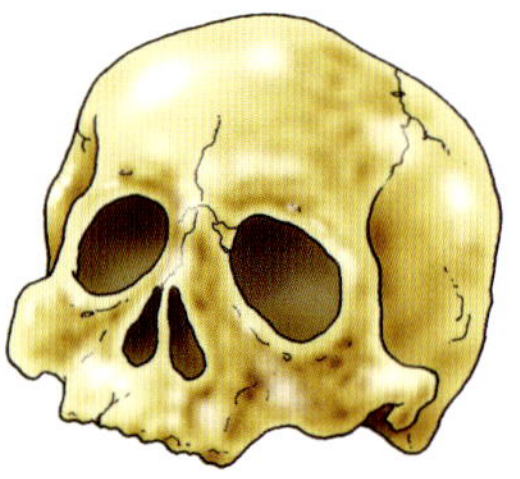

薄濃《はくだみ》の髑髏《どくろ》

薄濃というのは漆《うるし》で塗り固めたうえに金泥《きんでい》などで色をつける技法のこと。

信長は浅井長政《あざいながまさ》・浅井久政《ひさまさ》・朝倉義景《あさくらよしかげ》の三人の頭蓋骨《ずがいこつ》をこの薄濃にして、正月の酒宴に酒の肴《さかな》――見物の対象として披露したという。

後年、この金の髑髏を杯にして酒を飲んだという話が流布《るふ》されるようになったが、信頼できる史料には記述がなく、あくまで信長のイメージから派生した俗説と考えられている。

天下布武《てんかふぶ》印

信長が使用した印判。「天下に武を布《し》く」ということから、一般には武力で天下を取る、天下に武家政権を築く、という意味で解釈されるが、近年の研究ではこの「武」には徳に支えられた抑止力的な意味もあったのでは、とも考えられている。

櫓《やぐら》時計

信長が愛用したと伝わる櫓時計。ポルトガル人より贈られたもの。

日本にも水時計が飛鳥《あすか》時代、中大兄皇子《なかのおおえのおうじ》のころには作られていたが、戦国時代になるとこの種の西洋式の時計は海外より入ってきて、大名たちに珍重された。最初の伝来はフランシスコ・ザビエルが大内《おおうち》義隆《よしたか》に献上したものだという。

フロイスも信長に時計をプレゼントしたが、「構造が複雑だから使えない」と返された——という逸話が伝わっている。

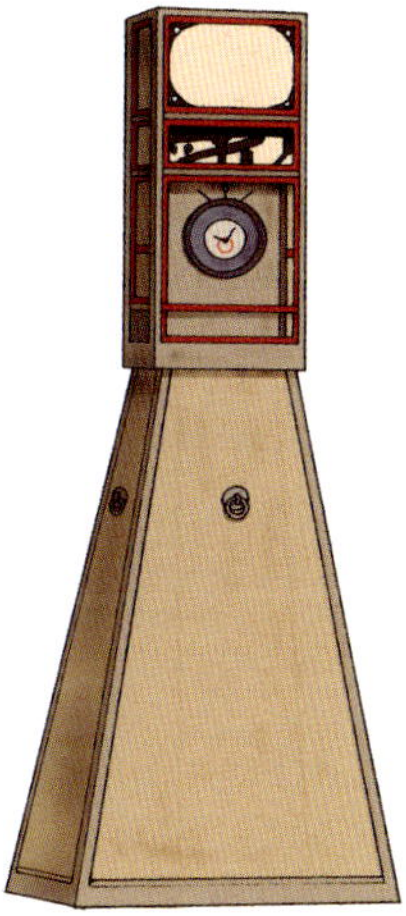

揚羽《あげは》蝶紋《ちょうもん》鳥毛《とりげ》陣羽織《じんばおり》

信長が所有したと伝わる、金と黒と白の三色が非常に色鮮やかな陣羽織。上部には鳥の毛が植えつけられ、下部は裂地《きれじ》でできている。

このように陣羽織に鳥の毛を用いるのは、戦国時代末期（安土桃山《あづちももやま》時代）に流行したスタイルで、信長や豊臣秀吉《とよとみひでよし》が所有したと伝わる陣羽織に多数の例を見ることができる。

ちなみに、揚羽蝶紋は平氏《へいし》の家紋であり、その末裔《まつえい》を名のっていた信長もまたこの家紋を使用したのである。

はで好きの信長

信長は、とかくはで好きな男であった。若き日には奇抜な格好で町を練り歩いては「うつけ」と陰口をたたかれ、大大名になってからは南蛮趣味に傾倒した。たとえば安土《あづち》城で馬揃《うまぞろ》えを行った際には、黒いビロードのつば帽子やマントを身につけたというから、周囲の人々はさぞ驚いただろう。

また、若き日のエピソードとしては、津島神社《つしまじんじゃ》の祭りにおいて集団での舞踏を催し、そこに天女の姿——すなわち女装で現れて踊ったというのもある。

この項で紹介したさまざまな、はでであったり新奇であったりする物品や、安土城の豪奢《ごうしゃ》な装飾も含めて、とにかく変わったこと、おもしろいこと、はでなことを追い求める、そんな側面が信長にはあった。

明智秀満《あけちひでみつ》 ◉

生没 ?〜1582（天正10）
別名 三宅弥平次、光春、左馬助
官職 不明

明智光秀《みつひで》の娘婿。光秀の配下として仕え、本能寺《ほんのうじ》の変では先鋒《せんぽう》を務める。その後、信長《のぶなが》の妻子たちが逃げ出して空城となった安土《あづち》城に入るが、山崎《やまざき》の戦いで光秀が羽柴秀吉《はしばひでよし》の前に敗死したと聞くと坂本《さかもと》城に移り、堀秀政《ほりひでまさ》の軍に包囲されて自刃。光秀の妻と男子二人も運命をともにする。

浅井久政《あざいひさまさ》 ◉

生没 ?〜1573（天正元）
別名 新九郎、左兵衛尉
官職 下野守

浅井長政《ながまさ》の父。長政に家督を譲って隠居《いんきょ》するが、長政がかねてからの朝倉《あさくら》氏との同盟を重視し、信長との同盟を破棄《はき》するにあたって、両者の争いの渦中に加わることとなる。姉川《あねがわ》の戦いで信長・徳川家康《とくがわいえやす》らの軍勢に敗れ、居城・小谷《おだに》城が落城。長政とともに自刃して果てる。

アレッサンドロ・ヴァリニャーノ ◉

生没 1539（天文8）〜1606（慶長11）
別名 不明
官職 不明

キリスト教を伝えるイエズス会の宣教師のひとり。信長や高山右近《たかやまうこん》らと面会し、日本文化を高く評価したとされる。キリスト教の布教のため、日本人司祭の育成も目ざし、天正遣欧少年使節《てんしょうけんおうしょうねんしせつ》をローマ教皇のもとに派遣《はけん》している。また、活字印刷機によるキリシタン版の出版も多く手がけた。

安藤守就《あんどうもりなり》 ◉

生没 1503（文亀3）?〜1582（天正10）
別名 範俊、定治
官職 伊賀守

斎藤《さいとう》氏に仕えた美濃《みの》三人衆のひとり。稲葉一鉄《いなばいってつ》、氏家卜全《うじいえぼくぜん》とともに信長の美濃攻めに内通し、以降は信長の家臣として仕えた。各地を転戦して武功を挙げるが、武田《たけだ》氏に通じたとの嫌疑により突然追放される。本能寺の変の後、再起を図るが、稲葉一鉄によって攻め滅ぼされる。

尾張国

生駒吉乃《いこまきつの》◉

生没 ?～1566（永禄9）
別名 不明
官職 不明

信長の側室。「よしの」とも。信忠《のぶただ》、信雄《のぶかつ》、徳姫《とくひめ》ら、信長の血を引く子を何人も産んでいる。もとは豪族・生駒家の生まれ。信長からの寵愛《ちょうあい》を一身に受けたようであり、徳姫を生んだ後、病に伏せた吉乃を信長が自ら見舞い、さらに新築の小牧山《こまきやま》城に手ずから案内したという。

不明

伊藤宗十郎《いとうそうじゅうろう》◉

生没 ?～1615（慶長20）
別名 祐道、安中
官職 不明

信長の家臣。本能寺の変の後、清洲《きよす》城下にあったとされる。

のちに商人へ転身して呉服小間物問屋《ごふくこまものどんや》を開業し、これが現在の松坂屋《まつざかや》の前身となった。豊臣秀吉《とよとみひでよし》と親交があったらしく、大坂《おおさか》の陣では豊臣方に加わって参戦するが、討ち死にした。

美濃国

稲葉一鉄《いなばいってつ》◉

生没 1516（永正13）～1588（天正16）
別名 彦六、六郎、通以、通朝、貞通、長通、良通、越智一鉄、右京亮、伊予守
官職 三位法印

美濃三人衆のひとり。主君・斎藤龍興《さいとうたつおき》との間に不和を生じ、信長の美濃攻略にあたってこれに内通。稲葉山《いなばやま》城の落城を導いた。その後は信長、羽柴秀吉に仕える。

非常に頑固《がんこ》な性格で、その名から「頑固一徹《いってつ》」の語源になったとも伝えられる。

駿河国

今川義元《いまがわよしもと》◉

生没 1519（永正16）～1560（永禄3）
別名 五郎、芳菊丸、梅岳承芳
官職 治部大輔

足利《あしかが》氏の一門として駿河《するが》国守護《しゅご》を代々受け継ぐ名門・今川氏の当主。異母兄との家督争いを制し、武田氏、北条《ほうじょう》氏と結んで、上洛《じょうらく》を目ざして西進を始める。天下取りの筆頭候補のひとりに挙げられ、三河《みかわ》国を手中に収めて尾張《おわり》国にも迫るが、桶狭間《おけはざま》の戦いで信長の襲撃を受け、討ち死にする。

不明

岩成友通《いわなりともみち》◉

生没 ?〜1573（天正元）
別名 主税助、石成友通
官職 不明

三好《みよし》三人衆のひとり。近江《おうみ》国の六角義賢《ろっかくよしかた》と結んで信長《のぶなが》の打倒を企てるが、失敗。いちどは信長に服従の意を見せるも、早々に翻意し、再び対立する。その後も足利義昭《あしかがよしあき》に与《くみ》して反信長勢力のひとりとして戦うものの、優位には立てず、淀《よど》城にて細川藤孝《ほそかわふじたか》らの軍勢に敗れ、戦死する。

上杉謙信《うえすぎけんしん》◉

生没 1530（享禄3）〜1578（天正6）
別名 虎千代、長尾平三景虎、政虎、輝虎、宗心、不識庵謙信
官職 弾正少弼、関東管領、法印大和尚

「越後《えちご》の龍」の異名をとる勇将。越後守護代《しゅごだい》の長尾《ながお》家を継ぎ、国内平定の後、関東管領《かんとうかんれい》・上杉家の家督を相続する。武田信玄《たけだしんげん》と信濃《しなの》国の覇権《はけん》を争い、川中島《かわなかじま》で五度の合戦に及ぶも、雌雄《しゆう》は決しなかった。足利義昭らと結んで信長に抗し、信長に脅威を感じさせるも、上洛《じょうらく》の最中に病没。

氏家卜全《うじいえぼくぜん》◉

生没 ?〜1571（元亀2）
別名 友国、直元、貫心斎卜全
官職 常陸介

美濃《みの》三人衆のひとり。美濃国において守護・土岐《とき》頼芸《よりのり》、続く斎藤道三《さいとうどうさん》・義龍《よしたつ》・龍興《たつおき》の斎藤三代に仕えるが、信長の美濃攻めに際して翻意、これに内通する。以降、信長の臣下として仕え、伊勢長島《いせながしま》の一向《いっこう》一揆《いっき》鎮圧に出兵する。その帰途、殿《しんがり》をつとめていたところに一揆勢の襲撃を受け、陣中で没する。

お犬の方《いぬのかた》◉

生没 ?〜1582（天正10）
別名 不明
官職 不明

織田信秀《おだのぶひで》の八女。信長、お市《いち》の方にとっては同母の妹に当たる。姉と同じく美貌《びぼう》で知られ、当初は織田家の家臣・佐治為興《さじためおき》の妻となり、為興の戦死後は室町《むろまち》幕府の管領である細川《ほそかわ》家の嫡子《ちゃくし》・細川昭元《ほそかわあきもと》に嫁いでいる。信長が官位を授かるために細川家に嫁がせたといわれる。

山城国

正親町天皇《おおぎまちてんのう》

生没 1517（永正14）～1593（文禄2）
別名 方仁
官職 なし

第百六代天皇。後奈良《ごなら》天皇の第一皇子。信長の上洛に際して禁裏御料《きんりごりょう》の回復や内裏《だいり》の修繕を行い、逼迫《ひっぱく》していた朝廷の財政と権威を回復させる。その後、信長の求めに応じてたびたび講和の勅命《ちょくめい》を下し、信長の天下統一の一助となる。また、のちに豊臣秀吉《とよとみひでよし》を関白《かんぱく》に任命している。

尾張国

大津長昌《おおつながまさ》

生没 ?～1579（天正7）
別名 伝十郎、長治
官職 不明

信長の側近として活躍し、伊達《だて》氏の老臣・遠藤基信《えんどうもとのぶ》に書を送って越後国への出陣を促している。また、荒木村重《あらきむらしげ》の謀反による有岡《ありおか》城攻めでは、村重に従った高槻《たかつき》城主・高山右近《たかやまうこん》をイエズス会の宣教師たちとともに説得、投降させている。その後、高槻城番衆《ばんしゅう》となるも、病没。

尾張国

小瀬甫庵《おぜほあん》

生没 1564（永禄7）～1640（寛永17）
別名 道喜、又四郎、長大夫、坂井甫庵、土肥甫庵
官職 不明

豊臣秀吉の養子・豊臣秀次《ひでつぐ》に仕えた医師。医学や儒学のほか、軍学、史学、文学にも通じていたと見られ、『補註蒙求《ほちゅうもうぎゅう》』、『十四経発揮《じゅうしけいはっき》』、『新編医学正伝《しんぺんいがくせいでん》』、『東垣先生十書《とうえんせんせいじっしょ》』、『信長記《しんちょうき》』、『太閤記《たいこうき》』など、さまざまな著作を残した。晩年は加賀《かが》国に出向き、金沢《かなざわ》藩の前田《まえだ》家に仕えている。

尾張国

織田勝長《おだかつなが》

生没 ?～1582（天正10）
別名 坊丸、津田源三郎
官職 不明

信長の五男。四男とする説もある。美濃国の岩村《いわむら》城主・遠山《とおやま》氏の養子となるが、武田《たけだ》氏に岩村城が攻め落とされ、武田信玄《しんげん》の養子として甲斐《かい》国に送られる（実際は人質）。のちに織田方に返され、その年に元服《げんぷく》。翌年、本能寺《ほんのうじ》の変において兄・織田信忠《のぶただ》に従い、二条御所《にじょうごしょ》にて討ち死にする。

不明

織田長次《おだながつぐ》

生没　?～1600（慶長5）
別名　縁、長兵衛
官職　不明

信長《のぶなが》の十一男。末子であるとされる。生母は不明。幼くして父を失い、混乱のなかで羽柴秀吉《はしばひでよし》の小姓《こしょう》として仕えることとなる。以降はその臣下として過ごしていたものと考えられる。関ヶ原《せきがはら》の戦いでは兄・織田信吉《のぶよし》とともに西軍に加わるが、他大名の裏切りを受けて討ち死に。

尾張国

織田長利《おだながとし》

生没　?～1582（天正10）
別名　又十郎、長則、津田長利
官職　不明

織田信秀《のぶひで》の十二男。信長の兄弟のなかでは末の弟に当たる。

信長の命で、その長子・織田信忠《のぶただ》の軍勢に入り、長島一向一揆《ながしまいっこういっき》攻めや京都馬揃《きょうとうまぞろ》えなどに参加する。本能寺《ほんのうじ》の変のおりにも信忠の近くにあったらしく、信忠とともに二条御所《にじょうごしょ》で討ち死にしている。

尾張国

織田信興《おだのぶおき》

生没　?～1570（元亀元）
別名　彦七郎
官職　不明

織田信秀の七男。長島一向一揆の勢力と境界を接する最前線、尾張河内《おわりかわち》の小木江《こきえ》城を拠点とする。しかし、本願寺《ほんがんじ》の蜂起《ほうき》指令によって戦いが起こり、斎藤龍興《さいとうたつおき》らの反信長を掲げる武将と連合した一向一揆の攻撃を凌《しの》ぎきれず、小木江城は落城。信興も自刃して果ててしまった。

尾張国

織田信賢《おだのぶかた》

生没　不明
別名　不明
官職　不明

尾張国の岩倉《いわくら》城主。織田氏の本宗家とされる家柄で、弟に家督を譲ろうとした父・織田信安《のぶやす》を追放し、当主の座に収まる。その混乱に乗じて攻め込んできた信長と対峙《たいじ》。尾張国の浮野《うきの》で合戦に及ぶが、軍勢の半数近くを失って大敗、信長に降伏する。これにより、信長は事実上、尾張国の統一に成功する。

尾張国

織田信包《おだのぶかね》

生没 1543（天文12）?～1614（慶長19）
別名 三十郎、信良、信兼、老犬斎
官職 左中将、上野介

織田信秀の四男。信長の配下として長島一向一揆鎮圧、越前《えちぜん》国平定、紀州《きしゅう》攻め、石山《いしやま》合戦など、数々の戦に参戦した歴戦の将。本能寺の変の後は羽柴秀吉に従い、柴田勝家《しばたかついえ》や滝川一益《たきがわかずます》らの討伐を助けた。豊臣秀頼《とよとみひでより》にも仕え、信包の死がもう少し遅ければ、豊臣家の滅亡はなかったともいわれる。

不明

織田信貞《おだのぶさだ》

生没 1574（天正2）～1624（寛永元）
別名 人、藤四郎、雅楽助
官職 従五位下左京亮

信長の九男。本能寺の変の後、尾張国の埴原長久《はいばらながひさ》によって養われ、のちに豊臣秀吉から近江《おうみ》国神崎《かんざき》郡および蒲生《がもう》郡に所領を与えられる。関ヶ原の戦いでは兄・織田信高《のぶたか》とともに東軍に属した。子孫は旗本《はたもと》高家《こうけ》の織田家となり、その後も徳川《とくがわ》家に仕えることとなる。

近江国

織田信高《おだのぶたか》

生没 1576（天正4）?～1602（慶長7）
別名 小洞、藤十郎、羽柴信高
官職 従五位下三衛門佐

信長の七男。信長と興運院《きょううんいん》（お鍋《なべ》の方）の間の子。本能寺の変の後、美濃国にて大垣《おおがき》城主・氏家行広《うじいえゆきひろ》に養われる。その後、豊臣秀吉より近江国神崎郡の所領と羽柴の姓を与えられる。関ヶ原の戦いでは徳川家康《いえやす》方に参戦し、子孫はその後も徳川家に仕える。子孫にフィギュアスケート選手・織田信成《のぶなり》がいる。

尾張国

織田信照《おだのぶてる》

生没 不明
別名 織田中根
官職 越中守

織田信秀の十男。中根《なかね》村の土豪、中根忠貞《ただささだ》の養子となり、織田中根の別称をもつ。種々の史料によれば「器量のない人物」で、本能寺の変の後には信長の次男である織田信雄《のぶかつ》から所領を与えられている。悠々と暮らしていたらしく、切れ者でなかったがゆえに命を長らえたとも伝えられる。

尾張国

織田信時《おだのぶとき》◉

生没　?～1556（弘治2）
別名　喜蔵
官職　安房守

織田信秀《のぶひで》の六男。佐久間信盛《さくまのぶもり》の進言で城主不在の守山城《もりやま》を任せられるが、翌年、家臣によって攻められ、自刃する。兄・織田信行《のぶゆき》に密通した嫌疑により、信長《のぶなが》が殺させたという説もある。また、利発な人物であったらしく、その才覚を信長が危ぶんだともいわれている。

尾張国

織田信友《おだのぶとも》◉

生没　?～1555（弘治元）
別名　彦五郎信友
官職　尾張下四郡守護代

尾張《おわり》下四郡守護代《しゅごだい》の織田大和守《やまとのかみ》家を継いだ当主。清洲《きよす》城を居城とし、これをねらった信長と対立する。このため、信長の叔父・織田信光《のぶみつ》と通じて信長を倒そうとするが、これは信長の策略であり、手を組むと見せかけた信光によって討ち取られる。この後、信長は清洲城に入ってこれを居城とする。

尾張国

織田信治《おだのぶはる》◉

生没　1545（天文14）?～1570（元亀元）
別名　九郎
官職　不明

織田信秀の五男。一説には七男とも伝えられる。信長の命で近江《おうみ》国坂本《さかもと》の守備を担っていたところ、近江の一向一揆《いっこういっき》と結んだ朝倉《あさくら》・浅井《あざい》連合軍の攻撃を受け、宇佐山《うさやま》城が落城。家臣の森可成《もりよしなり》らとともに城外で抗戦を続けるが、勢力差を埋めるには至らず、近江坂本で討ち死にする。

尾張国

織田信広《おだのぶひろ》◉

生没　?～1574（天正2）
別名　三郎五郎、津田信広
官職　大隈守

信長の兄。庶兄《しょけい》（側室の子）であるため、信長と跡目争いを起こすことはなかった。三河安祥《みかわあんしょう》城の城主を任せられていたが、父・織田信秀が今川義元《いまがわよしもと》との戦いに敗れた際、落城して今川方に捕らえられ、信秀のもとにあった徳川家康《とくがわいえやす》との人質交換によって尾張に戻る。父の死後は信長の配下として戦う。

織《お》田《だ》信《のぶ》正《まさ》

生没 1554(天文23)～1647(正保4)
別名 見性軒
官職 不明

信長の庶長子とされる人物。当時の公的史料にまったく登場せず、江戸《えど》時代末期の史料にようやく名前が現れるため、実在すら疑問視されている。信長の配下で武功を重ね、さまざまな官位を得たようだが、それも定かではない。本能寺《ほんのうじ》の変の後、剃髪《ていはつ》して歴史の表舞台を去ったとされる。

織《お》田《だ》信《のぶ》光《みつ》

生没 ?～1556(弘治元)
別名 孫三郎
官職 不明

織田信秀の弟。信長の叔父。当初は信秀の配下として従い、今川義元の軍勢を退ける武功も立てている。信秀の死後は信長を後見し、尾張国の統一に協力。清洲城主・織田信友を策略にかけ、自刃に追い込んで清洲城を奪う。が、のちに信友の家臣によって暗殺される。

織《お》田《だ》信《のぶ》行《ゆき》

生没 ?～1557(弘治3)
別名 信勝、勘十郎
官職 武蔵守

織田信秀の三男。信長のすぐ下の弟で、信秀の死後、信長と織田家の跡目を争う。「うつけ者」とそしられた信長に対し、言行正しい人物とされ、柴田勝《しばたかつ》家《いえ》らにかつがれて家督相続をねらうが、信長に敗退。一度は許されるものの、再び謀反《むほん》を起こして殺害される。

織《お》田《だ》信《のぶ》吉《よし》

生没 1573(天正元)～1615(元和元)
別名 酌、道卜
官職 武蔵守

信長の八男。母は興雲院《きょううんいん》(お鍋《なべ》の方)。鍋にはお酌《しゃく》をするものがつきもの、ということから酌という幼名がついたともいわれる。本能寺の変の後、蟄居《ちっきょ》していたが、羽柴秀吉《はしばひでよし》に召《め》し出される。関ヶ原《せきがはら》の戦いでは西軍に加わったため、所領、家臣などを失い、その後は浪人となったと伝えられる。

不明

織田信好《おだのぶよし》◉

生没　?～1609（慶長14）
別名　良好
官職　左京亮

信長《のぶなが》の十男。幼少のころに本能寺《ほんのうじ》の変が起こり、父を亡くす。その混乱のためか、ほとんど史料は残っていない。羽柴秀吉《はしばひでよし》に引き取られ、その庇護《ひご》を受けていたようである。
のちに秀吉の家臣となり、近江《おうみ》国に所領を得たとされるが、詳細は不明である。

尾張国

織田秀孝《おだひでたか》◉

生没　?～1555（弘治元）
別名　喜六郎、信孝
官職　不明

織田信秀《のぶひで》の八男。美男子と伝えられる。叔父の織田信次《のぶつぐ》が川狩りをしていた際、単騎でその場を通り過ぎたため、その家臣に「乗《の》打ち無礼」として射殺される。罪を恐れた信次は行方をくらませるが、主君である信長は、供もつけずにいた秀孝のほうをとがめ、信次はのちによび戻されている。

尾張国

織田秀成《おだひでなり》◉

生没　?～1574（天正2）
別名　彦七郎、半左衛門、津田信成
官職　不明

織田信秀の九男。信長の嫡男・織田信忠《のぶただ》の配下の軍勢に加わる。早くから信長のもとで戦場に立っていたようである。長島一向一揆《ながしまいっこういっき》との戦いに出陣するが、市江島《いちえじま》攻撃の際に戦死。一説には、和睦《わぼく》・退去を認めた約定を信長が破棄し、不意打ちをしかけたため、大反攻にあったともされる。

山城国

勧修寺晴豊《かじゅうじはれとよ》◉

生没　1544（天文13）～1603（慶長7）
別名　不明
官職　武家伝奏、蔵人、参議、権中納言、准大臣、権大納言、内大臣（死後）

朝廷と戦国大名との間を取りもった公卿《くぎょう》。信長や豊臣《とよとみ》秀吉らと深い交流をもち、信長と石山本願寺《いしやまほんがんじ》との講和では勅使《ちょくし》も務めている。本能寺の変の前日には、信長に招かれて本能寺での茶会にも出席。日記『晴豊公記《はれとよこうき》（日々記《にちにちき》）』を著《あらわ》し、当時の出来事を現代に伝えている。

不明

興雲院《きょううんいん》

生没 ?～1612（慶長17）
別名 お鍋の方
官職 不明

信長の側室。信長が六角《ろっかく》氏を攻めた際に内通した小倉実澄《おぐらさねずみ》の妻だったが、実澄は戦乱のさなか、自刃。路頭に迷ったところを信長に保護される。信長との間に二男一女をもうけ、平穏に暮らしたとされる。本能寺の変の後は子どもたちとともに羽柴秀吉のもとで暮らす。

摂津国

顕如《けんにょ》

生没 1543（天文12）～1592（文禄元）
別名 茶々、光佐
官職 直叙法眼、権僧正、大僧正

第十一代本願寺法主《ほうしゅ》。各地の一向一揆を掌握し、公家との姻戚《いんせき》や諸大名との同盟で勢力を拡大する。信長と対立し、一向一揆を率いてこれと戦う。互いにたびたび和睦とその破棄を繰り返すが、力つきて大坂《おおさか》本願寺を明け渡す。信長の死後は秀吉につき、西本願寺の基礎を築く。

山城国

近衛前久《このえさきひさ》

生没 1536（天文5）～1612（慶長17）
別名 晴嗣、前嗣、龍山
官職 権大納言、内大臣、右大臣、左大臣、関白、太政大臣

十九歳で関白《かんぱく》に就任。朝廷の安定のため各地を流浪し、信長と良好な関係を築く。石山本願寺との講和交渉で活躍するが、本能寺の変の後、織田信孝《のぶたか》や羽柴秀吉から、明智《あけち》光秀《みつひで》に通じたとの嫌疑をかけられ、徳川家康《とくがわいえやす》のもとに逃亡する。のちに家康が秀吉に仕えたことで、ようやく朝廷に復帰する。

美濃国

斎藤龍興《さいとうたつおき》

生没 1548（天文17）～1573（天正元）
別名 喜太郎、右兵衛大夫
官職 不明

斎藤義龍《よしたつ》の子。父の死により稲葉山井ノ口《いなばやまいのくち》城の城主となって信長の美濃《みの》侵攻に対するが、領国内を掌握できず、家臣の内通を受けて敗れる。その後、美濃を追われ、三好《みよし》三人衆や一向一揆、近江国の浅井《あざい》氏、越前《えちぜん》国の朝倉《あさくら》氏らを頼って反信長勢力を形成するも、朝倉氏の滅亡に際して刀禰坂《とねざか》にて戦死する。

美濃国

斎藤利三《さいとうとしみつ》◉

生没 ?～1582（天正10）
別名 内蔵助
官職 不明

明智光秀《あけちみつひで》臣下の家老。斎藤義龍《よしたつ》から稲葉一鉄《いなばいってつ》、信《のぶ》長《なが》と主君を変え、最終的には光秀に迎えられる。本《ほん》能寺《のうじ》の変や山崎《やまざき》の戦いに従軍するが、敗戦ののちに捕らえられ、京都の六条河原《ろくじょうがわら》で斬首《ざんしゅ》される。首は光秀のものとともに本能寺にさらされた。末娘はのちの徳川家光《とくがわいえみつ》の乳母《うば》・春日局《かすがのつぼね》。

美濃国

斎藤義龍《さいとうよしたつ》◉

生没 1527（大永7）～1561（永禄4）
別名 新九郎利尚、范可、左京大夫、義竜、高政
官職 治部大輔、室町幕府相伴衆

斎藤道三《どうさん》の子だが、実父は道三によって滅ぼされた美濃《みの》国守護《しゅご》・土岐頼芸《ときよりのり》という風聞も。斎藤家の家督を継ぐが、のちに道三が実子の孫四郎《まごしろう》を擁立しようとしたため、孫四郎ら二人の弟を殺害し、父・道三も長良川河畔《ながらがわかはん》の合戦にて敗死に追い込む。自身は病没。ハンセン病を持病としていたとの説がある。

尾張国

佐治一成《さじかずなり》◉

生没 不明
別名 不明
官職 不明

尾張《おわり》国の大野《おおの》城主・佐治為興《ためおき》と、信長の妹・お犬《いぬ》の方との間に生まれた子。佐治氏は大野衆とよばれる伊勢湾《いせわん》水軍の頭領《とうりょう》で、織田《おだ》家にも水軍を率いて仕えた。のちに志摩《しま》国の九鬼《くき》氏と協力して織田水軍をつくり、毛利輝元《もうりてるもと》の水軍による侵攻を阻むなどの活躍を見せている。

尾張国

斯波義統《しばよしむね》◉

生没 1513（永正10）～1554（天文23）?
別名 左兵衛佐
官職 治部大輔、尾張守護

尾張守護・斯波義達《よしたつ》の子。父・義達が今川氏親《いまがわうじちか》に敗れて降《くだ》り、斯波家当主となる。

家臣である尾張下四郡守護代・織田信友《おだのぶとも》と対立し、信長に内通してこれを討とうとするが、信友の老臣・坂井大膳《さかいだいぜん》に殺害される。その後、斯波家は信長に抗して敗れ、滅亡する。

尾張国

菅屋長頼《すがやながより》◉

生没 ?～1582（天正10）
別名 九右衛門、玖右衛門、長行、菅谷長瀬
官職 不明

信長の側近のひとり。信長より菅屋姓を授かり、これを名のっている。信長を狙撃《そげき》した杉谷善住坊《すぎたにぜんじゅうぼう》の処刑や、東大寺《とうだいじ》の香木「蘭奢待《らんじゃたい》」の切り取りの際の奉行、織田家の氏神《うじがみ》・織田大名神社の諸事など、多様な役柄をこなしたとされる。本能寺の変では織田《おだ》信忠《のぶただ》に従い、二条御所《にじょうごしょ》で討ち死に。

不明

杉谷善住坊《すぎたにぜんじゅぼう》◉

生没 ?～1573（天正元）
別名 不明
官職 不明

浅井長政《あざいながまさ》の裏切りにより、朝倉《あさくら》氏攻めに失敗して帰国する途中の信長を、鉄砲で狙撃した人物。出自も、信長をねらった理由も不明。信長への個人的な怨恨《えんこん》とも、六角《ろっかく》氏からの依頼ともいわれる。激怒した信長に捕らえられ、土中に首下まで埋められて鋸《のこ》引《び》きの刑に処せられる。

不明

高橋虎松《たかはしとらまつ》◉

生没 ?～1582（天正10）
別名 不明
官職 不明

信長の小姓《こしょう》のひとりとされる。信長に目をかけられていたようで、長谷川秀一《はせがわひでかず》が使用していた屋敷を与えられ、のちには知行《ちぎょう》も受けている。将来を嘱望されていたものと考えられるが、本能寺の変で主君・信長とともに討ち死にする。史料にはそのときの奮戦のようすが残っている。

甲斐国

武田勝頼《たけだかつより》◉

生没 1546（天文15）～1582（天正10）
別名 諏訪四郎勝頼
官職 不明

武田信玄《しんげん》の四男。信長の養女を妻に迎えるが、信長との同盟関係は形式上のものにしかならなかった。父・信玄の死後、長篠《ながしの》の戦いで信長と徳川家康《とくがわいえやす》に大敗。その後、家臣がつぎつぎと敵方に内通して、織田信忠による甲斐《かい》侵攻のなか、自刃。武田氏は滅亡する。

甲斐国

武田信玄《たけだしんげん》◉

生没 1521（大永元）〜1573（天正元）
別名 太郎、勝千代、晴信、法性院、徳栄軒
官職 大膳大夫、信濃守

「甲斐《かい》の虎《とら》」と称された猛将。父・武田信虎《のぶとら》を追放して家督を継ぎ、越後《えちご》国の上杉謙信《うえすぎけんしん》と川中島《かわなかじま》で五度の合戦に及ぶ。将軍・足利義昭《あしかがよしあき》の招致に従って上洛《じょうらく》を目ざすが、病魔に倒れ、志半ばに没する。自らの死を三年秘匿せよ、との遺言を残すが守られず、武田家は衰退していく。

不明

津田信澄《つだのぶずみ》◉

生没 1555（弘治元）?〜1582（天正10）
別名 織田信澄、七兵衛
官職 不明

織田信行《おだのぶゆき》の子。信行が誅殺《ちゅうさつ》された後、柴田勝家《しばたかついえ》に養育され、その後は織田家の家臣である津田家に入る。また、明智光秀《あけちみつひで》の娘婿でもあり、信長《のぶなが》の配下でも重要な立場にあったと見られる。が、本能寺《ほんのうじ》の変の後、光秀との姻戚《いんせき》関係がもとで織田信孝《のぶたか》と丹羽《にわ》長《なが》秀《ひで》の軍勢に攻められ、討ち死にする。

大和国

筒井定次《つついさだつぐ》◉

生没 1562（永禄5）〜1615（元和元）
別名 四郎、慈明寺定次
官職 従五位下伊賀守、従四位下侍従

筒井順慶《じゅんけい》の養子となり、家督を継いだキリシタン大名。妻は信長の娘。豊臣秀吉《とよとみひでよし》に仕えて官位を得、のちに徳川家康《とくがわいえやす》に従って所領を安堵《あんど》される。その最中、長崎《ながさき》にてヴァリニャーノから洗礼を受ける。大坂《おおさか》の陣で旧臣が豊臣方に与《くみ》したため、子息ともども自害。

不明

徳大寺実久《とくだいじさねひさ》◉

生没 1583（天正11）〜1616（元和2）
別名 不明
官職 右近衛少将、権中納言

内大臣・徳大寺公維《きんこれ》の子。孫とする説もある。信長の死後、その娘を妻に迎えている。朝廷内で順当に位を高めていくが、多数の高官たちが淫行《いんこう》に及んだ「猪熊《いのくま》事件」にかかわり、処断されてしまう。しかしのちに許され、再び朝廷に出仕したようである。

徳姫《とくひめ》

生没 1559（永禄2）～1636（寛永13）
別名 五徳、岡崎殿、見星院
官職 不明

信長の娘。母は生駒吉乃《いこまきつの》。徳川家康の嫡子・信康《のぶやす》の妻となるが、信康は母・築山殿《つきやまどの》とともに武田勝頼《たけだかつより》に内通したとの疑いをかけられ、信長・家康によって切腹を命じられる。この内通は、徳姫から信長への書状によって発覚したと伝えられる。本能寺の変の後は兄・信雄《のぶかつ》の庇護《ひご》を受ける。

不明

中川重政《なかがわしげまさ》

生没 不明
別名 土玄
官職 不明

信長の家臣。信長の叔父・織田信次《のぶつぐ》の孫であるとも伝えられる。近江国《おうみ》を所領とするが、隣接する土地を領有していた柴田勝家との間に所領争いが起こり、弟である津田盛月《つだせいげつ》が勝家の代官を殺害したことで改易《かいえき》。徳川家康のもとで蟄居《ちっきょ》を命じられる。のちに許しを得、信長の配下に復帰する。

不明

二条昭実《にじょうあきざね》

生没 1556（弘治2）～1619（元和5）
別名 桐次
官職 権大納言、左大臣、関白、准三宮

関白・二条晴良《はるよし》の次男。信長の養女を妻とし、将軍・足利義昭の一字を賜って昭実を名のる。左大臣《さだいじん》、関白《かんぱく》と朝廷の要職につくが、豊臣秀吉が右大臣に叙せられると左大臣を辞し、関白職を譲ることになる。のちに再び関白に任じられる。信長、秀吉、家康と、三人の天下人と関係が深い人物。

丹羽長重《にわながしげ》

生没 1571（元亀2）～1637（寛永14）
別名 鍋丸、五郎左衛門、羽柴松任侍従、小松宰相
官職 侍従、参議

丹羽長秀《ながひで》の子。信長の娘を妻に迎える。賤ヶ岳《しずがたけ》の戦いに父とともに出陣。父の死後は豊臣秀吉に仕え、小田原《おだわら》攻めや朝鮮《ちょうせん》出兵にも従軍し、関ヶ原《せきがはら》の戦いでは西軍に参加するが、その後は徳川家に従う。越前《えちぜん》、若狭《わかさ》から加賀松任《かがまつとう》、常陸古渡《ひたちふるわたり》と所領を転々とし、最終的には陸奥国《むつ》の白河《しらかわ》城主となる。

尾張国

羽柴秀勝《はしばひでかつ》◉

生没 1568（永禄11）〜1586（天正13）
別名 於次丸、丹波中納言
官職 権中納言

信長《のぶなが》の四男。羽柴秀吉《ひでよし》の養子となり、中国《ちゅうごく》攻めにも従軍。本能寺《ほんのうじ》の変に際しては秀吉とともにとって返し、山崎《やまざき》の戦いで明智光秀《あけちみつひで》を討つ。その後も賤ケ《しずが》岳《たけ》の戦いや小牧《こまき》・長久手《ながくて》の戦いで丹波《たんば》一国の将として出陣。信長の実子であることや、武将としての器量で将来を嘱望されるも、病に倒れ夭折《ようせつ》。

尾張国

長谷川秀一《はせがわひでかず》◉

生没 ?〜1594（文禄3）
別名 竹、藤五郎、羽柴東郷侍従、貞長
官職 侍従

信長の家臣。法華宗《ほっけしゅう》と浄土《じょうど》宗による安土宗論《あづちしゅうろん》において会場の警固に当たる。本能寺の変の際、徳川家《とくがわいえ》康《やす》の接待役としてともに堺《さかい》にあり、家康とともに伊《い》賀《が》越えを行って難を逃れた。その後は羽柴秀吉に仕え、紀州《きしゅう》攻めや四国《しこく》攻めの軍功により越前《えちぜん》国敦賀《つるが》郡を与えられる。死後、無嗣《むし》断絶。

美濃国

蜂屋頼隆《はちやよりたか》◉

生没 1534（天文3）〜1589（天正17）
別名 兵庫頭、羽柴頼隆、敦賀侍従
官職 出羽守、侍従

信長の家臣。美濃《みの》国の斎藤《さいとう》氏に仕えていたが、信長の臣下に移り、上洛《じょうらく》後は三男・信孝《のぶたか》につき従うこととなる。本能寺の変の後は羽柴秀吉と合流して山崎の戦いにも参戦している。以降、秀吉に従い、信長の家臣たちとの後継争いにおいて佐々成政《さっさなりまさ》と戦うなどして、その名前を残している。

不明

塙直政《ばんなおまさ》◉

生没 ?〜1576（天正4）
別名 九郎、重友、長俊、原田直政、左衛門尉
官職 備中守、大和守護

信長に仕えた官吏。山城《やましろ》国守護《しゅご》や大和《やまと》国守護を兼任するなど、執政面で活躍する。一方で伊勢長島《いせながしま》や越前《えちぜん》国の一向一揆《いっこういっき》を相手に戦い、九州《きゅうしゅう》の名族・原田《はらだ》氏の姓を許されてもいる。その後、本願寺《ほんがんじ》攻めのなかで討ち死にする。妹の原田直子《なおこ》は信長の側室で、庶長子の信正《のぶまさ》の母。

北条氏直《ほうじょううじなお》◉

生没 1562（永禄5）～1591（天正19）
別名 国王丸、新九郎、見性斎
官職 従五位下、左京大夫

北条氏の第五代当主。相模《さがみ》国の小田原《おだわら》城を拠点に、武田勝頼《たけだかつより》や滝川一益《たきがわかずます》、徳川家康らとたびたび戦火を交える。本能寺の変の後、豊臣《とよとみ》秀吉の天下統一に対抗し、上洛の催促にも応じなかったため、小田原攻めを招くこととなり、小田原城は落城。北条氏は滅亡する。

前田利長《まえだとしなが》◉

生没 1562（永禄5）～1614（慶長19）
別名 犬千代、孫四郎、利勝
官職 肥前守、侍従、左近衛権少将、権中将、参議、権中納言、権大納言（死後）

前田利家《としいえ》の嫡男にして、第二代金沢《かなざわ》藩主。信長の四女・永《えい》姫（玉泉院《ぎょくせんいん》）を妻とする。父とともに信長に仕え、その死後は羽柴秀吉に従う。父の死後、豊臣家の五大老に列するが、徳川家康につくことを貫き、前田家と所領を守り通す。家督を譲った後も家中の統制に尽力し、加賀《かが》百万石の礎を築いた。

松井友閑《まついゆうかん》◉

生没 不明
別名 宮内卿法印、如閑斎、徳斎
官職 宮内卿、堺政所、二位法印

信長に文官として仕え、おもに各方面との折衝《せっしょう》を担当した。信長と本願寺との講和の際には織田《おだ》側の代表をつとめている。また、丹羽長秀《にわながひで》とともに奉行として、畿内《きない》の茶道具の名器を召し上げた「名物狩り」を行っている。のちに豊臣秀吉のもとで堺代官となるが、突然罷免され、以降の消息は不明。

松平信康《まつだいらのぶやす》◉

生没 1559（永禄2）～1579（天正7）
別名 竹千代、次郎三郎、岡崎次郎三郎信康、徳川信康
官職 不明

徳川家康とその正室・築山殿《つきやまどの》の長男で、信長の娘・徳姫《とくひめ》の夫。「指揮進退の鋭さは将来が思いやられる」と称された武勇の持ち主だったが、「武田勝頼に通じている」との密告が信長にもたらされて、二十一歳の若さで切腹を命じられる。一説には、いずれ織田家を脅かす人物と恐れられたからともいう。

不明

万里小路充房《までのこうじあつふさ》◉

生没 1562（永禄5）～1626（寛永3）?
別名 等利
官職 参議件左大弁、権大納言

勧修寺晴右《かじゅうじはれすけ》の三男。万里小路輔房《すけふさ》の養子として万里小路家を継ぐ。正室は信長《のぶなが》の娘。のちに豊臣秀吉《とよとみひでよし》の側室にして前田利家《まえだとしいえ》の三女・麻阿姫《まあ》（加賀殿《かがどの》）を継室《けいしつ》に迎える。麻阿姫はその後、離縁されて亡くなり、充房はその死を悼んで出家する。晩年、宮中の風紀の乱れの責任をとり、流罪となる。

万見重元《まんみしげもと》◉

生没 ?～1578（天正6）
別名 仙千代
官職 不明

信長の側近のひとり。西国に向かう羽柴《はしば》秀吉の援助や、畿内《きない》とその周辺各地の情状報告、書状の発行、使者の歓待などに八面六臂《はちめんろっぴ》の活躍を見せるが、荒木《あらき》村重《むらしげ》の謀反に際して信長の討伐軍に加わり、戦死する。文官として手腕を発揮し、戦場に出ても検分《けんぶん》役で、軍を率いることはなかったとされる。

不明

水野忠胤《みずのただたね》◉

生没 ?～1609（慶長14）
別名 不明
官職 不明

三河《みかわ》国刈屋《かりや》城主・水野忠重《ただしげ》の子。信長の娘を妻とするが、そのころには信長はすでに亡く、信長と直接かかわることはなかったようである。関ヶ原《せきがはら》の戦いで功を挙げ、三河水野藩の藩主となるが、家中で刃傷沙汰《にんじょうざた》を起こしてしまい、改易《かいえき》。切腹を命じられる。

不明

三好長逸《みよしながゆき》◉

生没 不明
別名 長縁
官職 日向守

三好三人衆のひとり。三好政康《まさやす》、岩成友通《いわなりともみち》とともに三好長慶《ながよし》に仕え、長慶の死後は松永久秀《まつながひさひで》と結んで、十三代将軍・足利義輝《あしかがよしてる》を殺害。権勢を誇る。その後、久秀とは袂《たもと》を分かち、信長とも対立。十五代将軍・足利義昭《よしあき》とともに信長に抗するも敗れ、歴史の表舞台から退場する。

不明

三好政康《みよしまさやす》◉

生没 1528（享禄元）～1615（元和元）
別名 政生、釣竿斎宗渭、清海
官職 下野守

三好三人衆のひとり。将軍・足利義輝殺害の後、松永久秀と激しく対立し、争う。信長の上洛《じょうらく》軍に敗退した後も、反信長を掲げて反攻を続けるが、結局かなわなかった。本能寺《ほんのうじ》の変の後、数年を経て羽柴秀吉の傘下に加わり、晩年には高齢をおして大坂《おおさか》の陣にも出兵する。大坂夏の陣にて討死。

不明

三好義継《みよしよしつぐ》◉

生没 1549（天文18）？～1573（天正元）
別名 熊王丸、孫六郎、重存、義重
官職 左京大夫

三好長慶の甥《おい》。三好氏の家督を相続し、三好三人衆に後見されるが、実際は名目上の存在だった。三好三人衆と松永久秀の権力抗争のなか、両者になびき、事態を収拾できないまま、信長の上洛軍に降伏。のち、舅《しゅうと》に当たる足利義昭に頼られ、これを匿《かくま》ったとして、信長によって攻め滅ぼされる。

安芸国

毛利輝元《もうりてるもと》◉

生没 1553（天文22）～1625（寛永2）
別名 幸鶴丸、少輔太郎、羽柴輝元、宗瑞、幻庵
官職 右衛門督、右馬頭、参議、権中納言

毛利元就《もうりもとなり》の孫。鞆《とも》の浦《うら》に逃れた足利義昭を奉じて信長と対立。羽柴秀吉による中国《ちゅうごく》攻めを受ける。本能寺の変に際して秀吉と講和し、以降は秀吉に協力。豊臣家の五大老に列せられるが、関ヶ原の戦いで西軍の総大将に祭り上げられ、家名こそ存続するものの、領地の人半を失うことになる。

尾張国

森坊丸《もりぼうまる》◉

生没 1566（永禄9）～1582（天正10）
別名 長隆
官職 不明

信長のそば近くに仕えていた小姓《こしょう》のひとり。森可《よし》成《なり》の四男で、森長可《ながよし》、森蘭丸《らんまる》らの弟に当たる。兄・蘭丸や弟の力丸《りきまる》とともに信長の寵愛《ちょうあい》を受け、本能寺の変の折もそばに仕えていた。兄弟たちとともに明智《あけち》軍相手に奮戦するも、多勢の前に力尽き、討ち死にする。

尾張国

森力丸《もりりきまる》◉

生没　1567（永禄10）～1582（天正10）
別名　長氏
官職　不明

信長《のぶなが》の小姓《こしょう》のひとり。森可成《もりよしなり》の五男。兄の蘭丸《らんまる》、坊丸《ぼうまる》とともに信長のそばにあり、本能寺《ほんのうじ》の変で討ち死にした。信長が森氏の兄弟に目をかけたのは、彼らがそろって有能な人物であった、重臣であった父・森可成が討ち死にしたため、親代わりを務めたなど、諸説が語られているが、はっきりとはしていない。

不明

矢部家定《やべいえさだ》◉

生没　不明
別名　善七郎、広佳、光佳、康信
官職　不明

信長の家臣。播磨《はりま》国の神吉《かんき》城攻めや有岡《ありおか》城攻め、荒木村重《あらきむらしげ》一族の焼殺などで検視役を務める。織田信《おだのぶ》孝《たか》の四国《しこく》攻めにおいては淡路《あわじ》平定の命を受け、その後は羽柴秀吉《はしばひでよし》に従う。一説には、本能寺の変での信長の死去と、秀吉に従うわが身のわびしさに耐えかねて自害したとされる。

近江国

六角義賢《ろっかくよしかた》◉

生没　1521（大永元）～1598（慶長3）
別名　四郎義賢、抜関斎、承禎
官職　従五位下左京大夫

近江《おうみ》国の守護《しゅご》大名。畿内《きない》の武将・細川晴元《ほそかわはるもと》とともに、三好長慶《みよしながよし》以下の三好勢や松永久秀《まつながひさひで》、浅井久政《あざいひさまさ》らとの戦いに明け暮れる。しかし、家督をめぐる内紛（観音寺《かんのんじ》騒動）で家内に亀裂を生じ、足利義昭《あしかがよしあき》を奉じた信長の上洛《じょうらく》軍の前に敗れ去る。再起を図るも果たせず、流浪のうちに没する。

近江国

六角義治《ろっかくよしはる》◉

生没　1545（天文14）～1612（慶長17）
別名　四郎義弼、右衛門尉、玄雄
官職　不明

六角義賢の子。家督を継ぐものの、父・義賢に実権を握られ、重臣の後藤賢豊《ごとうかたとよ》の人望を憎んでこれを謀殺する。世に言う「観音寺騒動」で、家中は混乱し、統率を欠いてしまう。その後、異母弟に家督を譲るが、臣下はことごとく離れ、信長の上洛に際して滅ぼされる。

主要参考資料

『国史大辞典』国史大辞典編集委員会編（吉川弘文館）
『戦国武将合戦事典』峰岸純夫・片桐昭彦編（吉川弘文館）
『戦国大名家臣団事典 東国編』山本大（新人物往来社）
『戦国大名家臣団事典 西国編』山本大（新人物往来社）
『集英社版日本の歴史 10 戦国の群像』池上裕子（集英社）
『集英社版日本の歴史 11 天下一統』熱田公（集英社）
『日本の歴史 13 一揆と戦国大名』久留島典子（講談社）
『日本の歴史 15 織豊政権と江戸幕府』池上裕子（講談社）
『日本の歴史 14 戦国の動乱』永原慶二（小学館）
『日本の歴史 15 織田・豊臣政権』藤木久志（小学館）
『日本の歴史 8 戦国の活力－戦国時代－』山田邦明（小学館）
『戦争の日本史 13 信長の天下布武への道』谷口克広（吉川弘文館）
『戦国合戦大全 上巻 下克上の奔流と群雄の戦い 歴史群像シリーズ』（学研）
『戦国合戦大全 下巻 天下一統と三英傑の偉業 歴史群像シリーズ』（学研）
『織田信長 歴史群像シリーズ』（学研）
『ビジュアル戦国 1000 人－応仁の乱から大坂城炎上まで 乱世のドラマを読む－』（世界文化社）
『尾張・織田一族』谷口克広（新人物往来社）
『織田信長総合事典』岡田正人（雄山閣出版）
『織田信長事典』岡本良一・奥野高廣・松田毅一・小和田哲男（新人物往来社）
『織田信長家臣人名辞典』高木昭作 監修・谷口克広（吉川弘文館）
『織田信長七つの謎』（新人物往来社）
『図説 織田信長』小和田哲男・宮上茂隆（河出書房新社）
『朝日百科 日本の歴史』廣田一・能登屋良子（朝日新聞社）
『信長公記を読む』堀新（吉川弘文館）
『信長・秀吉・家康天下人への運命－徹底比較戦国三大英雄の軌跡－ 別冊歴史読本』（新人物往来社）

し

す

せ

た

ち

つ

て

と

さくいん

徹底図解　織田信長

著　者　榎　本　　　秋
発行者　富　永　靖　弘
印刷所　株式会社高山

発行所　東京都台東区 台東４丁目７　株式会社　新星出版社

〒110-0016　☎03(3831)0743　振替 00140-1-72233
URL http://www.shin-sei.co.jp/

ISBN978-4-405-10690-1